**평가보다
피드백**

평가보다 피드백

팀을 성장시키는 요즘 팀장의 커뮤니케이션 스킬

백종화 지음

중앙books

팀의 성장과 성공을 위해 반드시 필요한 '피드백'

사회 초년생 시절 나는 '항상 잘하고 있는데?'라는 생각으로 똘똘 뭉쳐 있었다. 그도 그럴 것이 어디에서도 '일 못한다'는 소리를 들어본 적이 없었기 때문이다. 그렇게 자신만만하던 내가 무너지는 건 정말 찰나였다. 언젠가부터 아침 알람이 울릴 때 두려움을 느꼈다. 출근길에 탄 버스가 접촉 사고가 나서 출근하지 못하고 입원했으면 좋겠다는 생각을 하기도 했다.

무엇보다 내가 잘하지 못했던 일들에 대한 피드백이 두려워지기 시작했다. 피드백 받는 시간을 미룰 수 있는 만큼 미루고 싶었고, 피할 수 있다면 피하고 싶었다. 그런데 피드백의 순간을 자주 마주하다 보니 어느 순간부터 피드백 덕분에 성장한 나를 발견했다.

스타트업으로 이직한 이후에도 습관처럼 모든 나의 강의와 코칭에 대한 피드백을 요청했다. 신랄한 피드백 결과를 전 직원들과 공유할 때 마케팅 유닛에 있던 동료가 물었다.

"왜 그렇게까지 피드백을 받으세요? 안 좋은 피드백 받으면 속상할 텐데… 매번 피드백을 받고 그걸 또 적용하기도 힘들고요."

내 답변은 간단했다.

"아, 전 이걸 해야 일이 끝난 것 같아요. 이렇게 배웠고, 이제는 피드백을 받는 게 습관이 되어버렸네요."

성과, 평가, 그리고 피드백이라는 단어는 직장 생활을 하는 모든 사람에게는 떼려야 뗄 수 없는 껌딱지 같은 존재다. 동시에 모든 직장인이 피하고 싶어 하는 것이기도 하다. 아무리 피드백을 잘해야 한다고, 중요하다고 외쳐도 '피드백은 불편하고 회피하고 싶은 질책이자 조언'이라는 인식이 강하기 때문이다.

스타트업으로 이직한 후 나는 서로에 대한 피드백이 익숙한 문화를 만들기 위해 동료들과 함께 회사의 피드백 시스템을 구축했다. CEO도 매달 직원 4명에게 피드백을 받고 그중에서 적용할 점을 찾도록 했다. 리더와 구성원들도 반기마다 동료 7명에게 피드백을 받고, 그중 자신의 성장을 위해 변화와 학습을 실행하도록 했다. 그렇게 많은 직원이 긍정적 피드백을 경험하며 조금씩 성장과 성공 방정식을 자신에게 적용하기 시작했다.

이 책을 통해서 전하고자 하는 가장 중요한 메시지는 그때와 변함이 없다. 성장과 성공을 위해 피드백을 잘 활용하는 것이 무엇보다 중요하다는 것이다. '성과'는 조직의 필요를 채우는 일이다. 그리고 조직에 가장 큰 기여를 한 사람이 누구인지를 구분하는 것이 바로 '평가'이고 그 과정이 담긴 것이 '피드백'이다. 리더라면 팀원들을 잘 관리해 조직의 성공을 이끌기 위해, 또 팀원이라면 자신의 개인 성과와 평가를 위해 피드백을 잘 활용해야만 한다.

피드백에는 정답이 없다. 사람과 상황에 따라 피드백은 달라진다. 그렇기에 이 책에서 이야기하는 피드백의 정의와 방법이 정답이 될 수는 없다. 다만 이 책에 제시한 다양한 관점을 참고해서 자신에게 맞는 피드백 방법을 꼭 찾기를 바란다. 그리고 이 책이 서로의 성장을 바라는 마음으로 팀장이 팀원에게, 팀원이 팀장에게 선물할 수 있는 책이 되기를 바란다.

2024년

백종화

차례

1장

피드백에 대한 오해

2장

올바른 목표 설정

3장

성과를 관리하는 대화

4장

성과를 만드는 피드백

5장

셀프 리뷰와 리더십 피드백

Feedback

피드백에 대한 오해

평가와 피드백은
직장인의 숙명

흔히 평가와 피드백이라고 하면 우리가 학생이었을 때 학교에서 성적과 등수로 평가받는 것을 떠올린다. 그러나 학생 때의 평가와 피드백은 사회인으로서의 평가와 피드백과는 완전히 다르다. 당연하다.

학생일 때는 좋은 평가와 피드백을 받기 위해 도와주는 사람이 많다. 수업 시간마다 선생님이 알아서 가르쳐주고, 시험을 통해 무엇이 부족한지 알려준다. 게다가 학원에 가면 너 살하는 방법을 알려주고, 여러 번 테스트를 통해서 점점 더 시험을 잘 볼 수 있도록 도와준다. 학생은 자리에 엉덩이만 붙이고 하라는 것만 해도 보통 이상의 성적을 받을 가능성이 크다.

사회인이 되었는데 일을 친절하게 가르쳐주는 사람이 있다면 복 받은 것이다. 자기 시간을 쪼개서 가르쳐주는 것이기 때문이다. 그는 팀장일 수도 있고, 동료일 수도 있으며, 때로 후배일 수도 있다. 그 사람은 자신의 노하우를 공유해주며 당신이 조금이라도 성장할 수 있도록 돕는 아주 드문 사람이다.

그런데 많은 사람이 그 복을 걷어찬다. '나도 할 수 있어' '내가 더 잘하는데' '꼰대, 내 일에 관심 꺼주세요'라고 한다. 그러나 지금껏 혼자서 성장하고, 성공할 수 있는 사람은 별로 보지 못했다. 세계 최고의 프로 선수들에게도 코치가 있는 이유는 내가 보지 못하는 다른 관점을 코치가 제공하기 때문이다. 내 주변에 나의 성장과 성공을 도와주는 사람은 몇 명인가? 내 직무에서 한 명, 리더십에서 한 명, 그리고 커리어와 내 삶에 대해서 함께 이야기할 수 있는 한 명, 최소한 세 명은 있어야 한다.

●

피드백에 귀 기울이지 않으면 성장할 수 없다

○

초·중·고등학교를 다닐 때 우리의 목적은 좋은 학교로 진학하고 좋은 직업을 갖는 것이다. 이를 위해 공부하고 시험을 보고, 자신의 등수와 친구들의 등수를 비교한다. 내가 더 앞서야 내가 가고 싶은 학교나 회사에 갈 수 있기 때문이다. 그런데 직장인이 된 후에도 학생 때와 똑같이 행동하는 사람이 많다. 혼자서 공부하고 옆에 있는 동료와 경쟁해서 조금 더 많은 연봉과 승진을 노리기도 한다.

그러나 직장인이 되면 옆 동료와의 경쟁보다 여러 곳에서 오는 내 피드백을 잘 관리해야 한다. 회사 안에서는 상사 혹은 동료가 나를 수시로 평가한다. 회사 밖에서도 피드백은 온다. 직종에 따라 고객, 협력업체, 정부기관 등이 나를 더 혹독하게 평가하고 피드백한다.

피드백을 인터넷에서 검색하면 '무시하다, 부정적이다'라는 부정적인 연관어뿐 아니라 '감사하다, 좋다, 빠르다, 도움이 되었다'라는 긍정적인 연관어도 나온다. 이런 피드백을 통해 조금 더 성장하려고 노력하는 사람이 있는가 하면, 다른 이들의 피드백이 틀렸다며 부정하고 회피하는 사람도 있다.

사실 피드백은 전하는 사람도, 받는 사람도 불편하다. 코치이자 강사인 나도 피드백을 받는 게 마냥 좋지는 않다. 하지만 성장하고 성공하고 싶다면 반드시 주고받아야 하는 게 피드백이며, 피드백에 귀 기울이지 않고 가볍게 여긴다면 결코 성장할 수 없다.

학교를 졸업하고 사회에 나왔다면 나의 성장과 성공을 위해 피드백을 주는 사람을 찾아 가까이해야 한다. 그리고 자기 자신에게도 피드백을 하는 습관을 길러야 한다. 이것만 실행해도 5년 후에는 계획보다 더 크고 행복하게 성장해 있을 것이다.

평가와 피드백은 직장인에게 피할 수 없는 숙명이다. 그리고 좋은 평가와 피드백을 받으려면 나만의 방식을 찾아야 한다. 하지만 일에는 정해진 방식이 없다. 시험처럼 같은 문제를 동료들과 함께 푸는 것이 아니라, 각자에게 주어진 일을 서로 다른 기한 내에 해결해야 하기 때문이다.

직장에서는 내가 건드리는 만큼 일이 커지기도 하고 넓어지기도 한다. 반대로 내가 건드리지 않으면 일은 항상 그만한 수준에 머문다. 내가 고민하는 만큼 다양한 문제를 풀 수도 있고, 다양한 방법을 적용하는 것도 가능하다.

학교는 주어진 문제에 최선을 다해서 100점에 도달하면 되지만, 직장에서는 주어진 문제를 100점을 넘어 150점 또는 300점으로 만들어내야 탁월하다는 평가를 받는다. 그리고 주어진 문제에 도전하는 사람보다 더 어려운 문제를 발견해서 문제를 만들어내는 사람이 결국 더 성공한다. 여기에 반드시 필요한 것이 '피드백'이다.

피드백의 목적은
성장과 변화

피드백이 무엇이냐고 물으면 가장 많이 돌아오는 대답은 두 가지다. 첫째, 나와 다른 생각을 듣는 것, 둘째, 내가 잘못한 것이나 부족한 것을 지적당하거나 질책받는 것. 두 가지 의견이 틀린 것은 아니지만 피드백의 협소한 정의다.

실제 직장에서의 피드백 예시를 보자. 새롭게 팀에 합류한 D 팀원은 한 달이 지나도 기대보다 성과를 내지 못하고 있었다. 이때 팀장은 팀원에게 왜 성과가 나지 않는지 확인하고, 피드백을 할 수 있다.

그런데 D가 맡은 프로젝트는 새로 들어온 팀에서도 처음 시도하는 것이었다. D가 기획안을 가지고 가도, 팀장 역시 어떤 방향으로 프로젝트가 진행되면 좋을지 확신이 없어서 명확한 방향성을 주기보다는 "아닌 것 같은데, 다시 해와"라고만 했다. 다른 동료들도 프로젝트를 이끈 경험이 부족해 도움을 주지 못했다. 이런 상황 때문에 프로젝트는 진전이 없었던 것이다.

새롭게 합류한 팀원은 그 누구에게도 구체적으로 무엇이 잘못되었는지, 어떤 부분을 개선해야 할지 피드백을 받지 못했다. 구체적인 행동이나 이유를 제시하지 않고, 감정만 전달하거나 결과만 질책한다면 모멸감만 느끼는 무의미한 피드백이 될 수밖에 없다.

이런 상황에서 좋은 피드백이 되기 위해서 이렇게 이야기해보면 어떨까? 일하는 방식에 작은 변화를 주도록 격려하는 것이다.

"지금 그 프로젝트를 아무도 해본 사람이 없어서 구체적인 피드백을 주기가 어려울 것 같은데, 이번 주에 비슷한 프로젝트를 했었던 A팀의 이야기를 함께 듣고, 우리가 적용할 점을 찾아보는 것으로 하면 좋을 것 같아요."

이처럼 피드백을 할 때는 늘 받는 사람 입장에서 생각해야 한다. 그런데 수많은 리더가 받는 사람의 감정이나 상황은 고려하지 않고 부족한 점, 개선해야 할 점만 지적한다. 예를 들어 신임 팀장에게 강하게 피드백을 줘야 한다며 "네가 그러고도 팀장이야? 3년차도 그것보다 잘하겠다. 다음부터 제대로 할 때까지 팀장 회의에 들어오지 마"라고 하면 어떨까?

본질을 잃고 상대방 자체를 비난하는 평가만 한다면 피드백을 받은 사람에게는 모멸감만 남는다. 여러 번 이야기해도 바뀌지 않는, 성장이 멈춘 팀원에게 제대로 충격을 주기 위해서였다는 팀장의 말은 변명일 뿐이다. 학대적 피드백을 받은 팀원에게는 '내가 왜 이런 대우를 받아야 하지?'라는 의문만 남게 된다.

●

피드백은 '단순 평가'가 아니다

○

피드백을 받는 사람이 모멸감을 느끼거나 상처를 받았다면 피드백을 주는 사람의 진정성과 메시지의 의미가 사라진다. 그러면 리더와 팀원과의 신뢰도 떨어질 수밖에 없다.

우리는 보통 누군가에게 피드백을 하라고 하면 그 사람의 과거 행적을 떠올린다. 그리고 그 과거에 매몰되어 버린다. 여기서 멈추면 피드백은 그저 불평과 불만, 아픔과 상처 이외에 아무것도 아닌 게 된다.

물론 과거에서 얻어야 하는 교훈도 있다. 과거를 돌아보면서 성공 요인은 계속 이어가고, 실패 원인은 제거하면서 같은 실패를 반복하지 않도록 피드백을 해야 한다. 과거의 성공과 실패 사례를 미래의 목표를 이루기 위한 현재의 내 행동으로 옮긴다면 그만큼 변화하고 성장할 수 있는 것이다. 피드백은 과거를 돌아보며 더 나은 성과를 달성하기 위해 함께 답을 찾아가는 활동이다.

현실에서 주고받는 피드백은 내가 부족한 것을 전달받거나 지적받는 것으로 이해하기 쉽다. 실제로 피드백을 평가로 인식하는 사람이 많다. 피드백을 할 때는 잘한 부분에 대해 인정과 칭찬을 하기도 하지만, 부족한 부분도 이야기할 수밖에 없기 때문이다. 자신의 부족함과 약점을 노출하면서 즐거워할 사람은 없다.

하지만 지금 받는 피드백으로 내가 바뀔 수 있다면, 그만큼 나는 성장할 수 있다. 그렇기 때문에 피드백은 '무엇을 바꾸면 조금 더 나아질 수 있을까?'를 고민하는 과정이라고 생각해야 한다.

이 목적을 잊은 채 피드백을 주고받게 되면 피드백을 전하는 사람에게는 회피하고 싶은 불편한 시간이 되고, 피드백을 받는 사람에게는 자신의 부족함이 드러나는 질책의 시간이 될 수밖에 없다.

●

좋은 피드백은 구성원의 긍정적인 변화를 이끈다

○

우리가 피드백을 하는 이유는 행동의 변화를 추구하기 위해서다. 그래서 좋은 피드백은 피드백을 받은 사람의 행동에 변화를 이끄는 피드백이다. 반대로 나쁜 피드백은 행동의 변화를 이끌어내지 못한 피드백이다.

같은 피드백이라 하더라도 피드백이 좋으면 '피드백을 받은 사람의 행동에 긍정적인 개선'이 이뤄진다. 100%는 아니어도 그 피드백에 대해 동의하고, 행동을 조금씩 바꾸기 시작하는 것이다.

이를 위해 조직 관점에서는 구성원들의 목표를 달성하기 위해 피드백을 해야 한다. 피드백을 통해 개인이 하고 싶은 일을 하는 것이 아니라 조직의 목표에 맞춰 개인과 팀의 목표를 설정하고, 합의된 목표 안에서 조금은 자유롭게 일하도록 돕는 것이다.

많은 구성원이 자율을 요구한다. 자신이 하고 싶은 일을 자유롭게 할 수 있도록 기회를 달라고 말한다. 그런데 그 자유는 조직의 목표 안에서 줄 수 있는 것이다. 조직은 개인의 소유물이 아니다. 조직을 구성하는 모든 직원들, 협력업체들이 모여 고객을 위해 활동하는 곳이다. 그렇기에 함께 모인 사람들이 공동의 목표를 구성하는 것이 가장 중요하다. 그래서 조직은 피드백을 통해 구성원들이 일하는 방향이 공동의 목표에 합치되는지를 판단해야 한다.

이에 발맞춰 기업은 피드백을 통해 구성원들이 매 순간 성장하고 있다는 것을 느끼게 해줘야 한다. 1년 단위의 목표와 평가는 의미가 없다. 이는 나의 성장을 도와주는 것이 아니라 등급을 매기는 데 불과하기 때문이다. 구성원들은 자신의 욕구가 채워져야 조직의 목표에 몰입한다. 이를 위해서는 최소한 월 1회, 아니 3개월에 한 번이라도 중간에 성과 피드백을 하는 게 좋다.

개인의 성장 관점에서 피드백을 하는 이유는 개인의 성장과 변화를 도모하기 위해서다. 피드백을 통해 개인의 업무 목표를 달성하고, 그 과정에서 구성원들은 자신이 잘하는 점과 개선할 점을 찾아 적용해 나간다. 그러면서 개인이 성장할 수 있기 때문이다.

지금 시대는 그 누구도 내일을 예측할 수 없다. 새로운 지식의 확산 속도를 하나의 개인이나 조직이 따라갈 수 없다. 이제는 다양성의 시대이기 때문에 하나의 방법으로 고객의 니즈를 채워줄 수도 없다. 끊임없는 학습과 배움, 그를 통한 변화와 성장을 추구할 수밖에 없는 세상이다. 우리는 어쩌면 성장이 아닌 생존을 위해 매일, 매순간 피드백을 통해 학습하고 변화하면서 성장해야 하는 것일 수도 있다.

내가 만나는 많은 IT 기업과 스타트업에서는 '피드백을 통해 성장하는 것'을 요구하는 구성원이 많이 늘어났다. 이유는 하나다. 평생직장이 사라지면서 자신의 전문성을 끌어올려야 한다고 생각하는 직장인들이 점점 많아지고 있기 때문이다. 그래서 생존을 위해서 개인의 성장을 도울 수 있도록 해주는 피드백이 더욱더 필요해졌다.

이때 꼭 필요한 가치관이 세상에 정답은 없다는 것을 피드백을 주는 사람도, 피드백을 받는 사람도 인정하는 것이다. 서로의 관점은 다를 수밖에 없다. 저마다 성격도 지식도 살아온 경험도 다르기 때문이다. 정답을 찾는 게 아니라 목표를 달성하기 위해 최선의 결정을 찾고 좋은 결과가 나올 수 있도록 실행하는 방향으로 피드백을 활용해보자.

앞서 말했듯 목표의 일치가 중요하다. 회사와 팀의 목표, 팀원의 과업과 성장의 방향이 일치해야 한다. 회사의 필요를 채우거나 개인의 꿈만 좇으면 그것은 서로의 욕심일 뿐이다.

넷플릭스의 '4A' 피드백 규칙

넷플릭스에는 '4A'라는 4가지 피드백 규칙이 있다. 이 규칙은 피드백을 받는 사람과 피드백을 전하는 사람 모두를 감싸고 있다는 점이 인상적이다.

피드백 주는 사람

- Aim to Assist: 피드백을 받는 사람에게 도움이 될 수 있는 피드백이어야 한다(그래서 솔직하게 이야기해야 한다).
- Actionable: 피드백을 받는 사람이 행동으로 옮길 수 있도록 행동 중심의 피드백을 전해야 한다(피드백은 구체적이지 않은 모호함과 감정을 전달하는 것이 아니다).

피드백 받는 사람

- Appreciate: 피드백을 받는 사람은 전하는 사람이 나를 위해 피드백을 준다는 것을 알고 감사한 마음을 가져야 한다(그래서 다른 사람들의 피드백을 끝까지 들어야 한다).
- Accept or Discard: 피드백 받는 사람이 실행할 수 있도록 동의와 비동의를 스스로 결정해야 한다(피드백을 받을지 말지의 선택권은 실행의 책임자인 내가 가지고 있지만, 피드백을 모두 거절하면 나는 성장할 수 없다).

피드백은 더 큰 성과를 내기 위해 하는 것이다. 더 큰 성과를 내기 위해서는 높은 목표와 함께 지속적인 피드백을 통해 학습하고 변화해야 한다. 피드백은 누군가를 성장시키고 변화시키기 위한 도구이기 때문이다. 그래서 피드백을 전하는 사람도, 피드백을 받는 사람도 이 목적을 꼭 기억해야 한다.

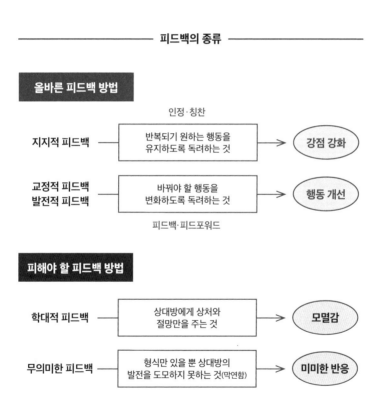

피드백의 장벽을
없애라

많은 사람이 생각하는 피드백은 어쩌면 부정적이다. 나의 잘못과 실수, 그리고 나의 부족한 모습에 대해 돌아오는 반응이라고 생각한다. 이런 편견을 깨기 위해 나는 많은 회사의 구성원들과 함께 피드백에 대해 학습하는 시간을 가졌다. 한번은 한 직원이 내 강의를 듣고 깨달은 바를 말했다.

"이제까지는 피드백을 전하는 내가 어떤 메시지를 준비해야 할까를 고민했었습니다. 피느백을 받는 사람의 저항에 대해 크게 생각해 보지 못했었더라고요."

그 자신이 피드백 받는 것을 부담스럽게 생각했었던 것도 그런 저항감 때문이었다는 것을 알게 되었다고 했다. 그렇다. 피드백의 수용도를 올리기 위해서는 저항값을 낮춰야 한다.

모든 사람은 잘하고 싶어 한다. 칭찬받고, 인정받고 싶어 한다. 하지만 피드백은 '나의 부족함과 실수, 실패를 드러내는 활동'이다. 그래서 모든 사람들은 피드백을 회피하고 저항하고 싶어 한다. 물론 나도 포함해서 말이다.

피드백의 수용도를 살펴보면 변화에 대한 동기부여와 받는 사람의 저항감으로 구성되어 있다. 즉, 피드백의 효과를 높이기 위해서는 변화에 대한 동기부여를 끌어올려 주거나, 피드백에 대한 저항을 낮춰야 한다. 여기서는 피드백 받는 사람의 저항을 줄이는 방법에 대해 알아보자.

1. 피드백을 주는 사람의 신뢰도를 올려라

가장 중요한 부분이면서 가장 어려운 부분이다. 피드백을 주는 사람은 대부분 리더다. 만약 피드백을 받는 구성원이 팀장을 싫어한다면? 팀장의 의견을 믿지 못하고 항상 불만만 표현한다면? 그럼 피드백을 차라리 하지 않는 것이 낫다. 아무리 좋은 이야기를 하더라도 포장된 거짓이 되기 때문이다.

그래서 리더는 평상시에 구성원들에게 관심을 가져야 한다. 그들이 무엇을 잘하고 못하는지, 지금 어떤 과업을 수행하고 있고 진도가 어떻게 나가고 있는지, 업무에 영향을 끼치는 개인적인 이슈가 있다면 그것은 무엇인지 알아야 한다. 그리고 그 정보들을 알고 있다고 표현해 줘야 한다.

그것이 쌓이면 신뢰가 된다. 한니발을 이긴 스키피오 장군이 몸소 증명했다. 그는 수만 명이나 되는 병사들의 이름을 외워서 부르고, 병사들의 가족사까지 기억하면서 병사 한 명 한 명에게 관심을 가졌다. 그의 병사들은 장군에 대한 팔로십과 나라에 대한 로열티로 한니발을 이겨냈다. 기억하자. 우리는 나를 기억해 준 사람에게 조금 더 열심히 하려고 한다. 신뢰는 평상시에 쌓아야 한다. 팀원에게 관심을 가지자. 그리고 표현해 줘야 한다는 것을 꼭 기억하자.

2. 받는 사람 관점에서 진심으로 피드백하라

피드백은 성장을 위한 도구로 활용되어야 한다. 그런데 어떤 직원은 피드백을 받고 너무 마음이 힘들어서 퇴사를 하기도 한다. 스스로에 대한 실망과 동료들의 차가운 시선에 자신을 더 부족한 사람이라고 느꼈다는 것이다. 하지만 피드백에 모두 좋은 내용만 담겨 있을 수는 없다.

이 세상 모든 사람에게는 잘하는 점과 보완할 점이 있다. 그러므로 구성원의 부족한 점을 파악하고, 그것을 어떻게 채워갈 것인지 리더가 진심으로 고민해서 구성원과 공유해야 한다.

3. 리더가 먼저 피드백을 요청하라

리더가 피드백을 먼저 받는 것도 효과적이다. 이때 포인트가 몇 가지 있다. 만약 구성원에게 피드백을 받게 되면 작더라도 피드백을 준 것에 대해 감사를 표현해야 한다. 예를 들어 개인적으로 먼저 감사 표현을 하고, 팀이 모였을 때 자신이 받은 피드백을 이야기하면서 감사 표현을 다시 하고, 그것을 어떻게 바꾸고 있는지 선언하고, 실제 그 피드백이 자신에게 어떤 도움을 주었는지를 알려줘야 한다.

이런 문화가 확산되면 구성원들의 피드백 수용도가 올라간다. 내가 본 스타트업의 한 CEO는 매달 직원들에게 피드백을 받고 하나의 행동을 수정한다. 또 다른 CEO는 회사의 모든 리더에게 익명으로 피드백을 달라고 요청했다.

CEO는 코칭을 통해서 리더들의 의견들을 꼼꼼하게 읽으며 자신의 의도와 다르게 전달된 부분과 자신이 미처 생각하지 못했던 부분을 구분했다. 이어서 어떤 행동을 하는 것이 회사와 구성원들을 위해 도움이 되는지를 고민했고, 그 행동을 조금씩 발전시켜 나가겠다고 선언했다.

피드백은 성장을 위한 도구다. 리더가 피드백을 주고받는 이유이자 팀원들이 피드백을 받고 주어야 하는 이유는 내 방식이 아닌, 우리의 방식으로 함께 성장하기 위함이다. 피드백을 받은 CEO는 솔직하게 피드백을 준 리더들에게 감사 인사와 함께 그 피드백을 받고 나서 고민하고, 하나의 행동에 반영하겠다는 반응을 보였다. 이에 대해 리더들은 어떤 행동을 했을까? CEO의 성장을 조금 더 기다리며 조금씩 조금씩 자신의 솔직한 의견을 더 많이 이야기해 주기 시작했다. CEO와 회사의 성장을 위해서 말이다.

●

상대방이 피드백을 받을 준비가 안 되어 있을 때

○

상대방이 피드백 받을 준비가 안 되어 있다면 피드백을 전하면 안 된다. 불편하지만 피드백이 내 성장을 위해 필요한 깃이라는 것을 인정하지 못하는 사람에게 전하는 피드백만큼 폭력적인 것은 없다. 화를 내거나, 거친 표현을 전하거나, 부정하거나, 원인을 외부 사람들에게서 찾거나, 심지어 자학할 수도 있기 때문이다.

중요한 건 피드백을 전하는 스킬이 아니라 피드백을 주고받을 수 있는 환경을 구축하는 것이다. 피드백을 전하기 전에 상대방과도 이런 관점을 공유하고 토론하며 제대로 된 피드백 환경을 조성해보길 바란다.

- 피드백은 나의 성장을 위해 꼭 필요하다.
- 피드백은 나를 평가하는 것이 아니라 나와는 다른 관점을 듣는 시간이다.
- 피드백을 하는 사람도, 상대도 불편하지만 내 성장을 위해 투자하는 시간이다.
- 피드백은 행동으로 연결될 때 비로소 나의 성장에 도움이 된다.
- 행동하기 위해서 내가 동의하지 못하는 피드백은 과감하게 포기해야 할 때도 있다.

- 동의하지 못하더라도 끝까지 들어야 한다.
- 피드백을 전하는 사람도, 받는 나도 정답은 아니며, 피드백은 서로의 관점을 주고받는 것이라는 관점을 가져야 한다.

질문하고 듣고 피드백하라

○

앞서 행동의 변화를 돕는 것이 피드백의 목적이라고 했다. 그 방법은 다양하다. 어떤 리더는 "눈물 쏙 빠지게 혼내야 바꾸더라고요"라고 자신의 피드백 노하우를 말했다. 이 방법이 꼭 틀렸다고 말할 수 없는 이유는 그 피드백으로 인해 행동의 변화와 성장을 이룬 팀원들이 있기 때문이다. 하지만 하나의 피드백 방식으로 모든 것을 해결할 수는 없다.

롯데 자이언츠 김민성 선수는 후배들에게 티칭과 컨설팅이 아닌, 코칭과 멘토링을 섞은 피드백을 준다고 한다. 후배인 김민석 선수의 인터뷰를 보니, 김민성 선수는 "이런 방식으로 쳐봐라"라고 말하는 게 아니라 "나는 이렇게 쳐봤다"라고 경험을 말하는 것이다. 또한 후배가 어떤 질문을 던졌을 때 "왜 안 됐는지 생각을 해봤어?"라고 역으로 질문한다. 후배는 그 질문에 말문이 막혀서 더 깊이 생각해보게 되는 것이다.

김민석 선수 외에 다른 선수들도 비슷한 이야기를 전한다.

"수비에서도 잡고 던지는 것들에 대해 미리 어떤 생각을 해야 하는지를 먼저 질문하시고 또 알려주십니다.”

“먼저 다가와서 얘기를 해주시고 부족한 부분이나 개선해야 할 부분들을 먼저 얘기해주십니다.”

김민성 선수 본인은 그런 자신의 방식에 대해 이렇게 설명한다.

“제가 아무리 좋은 선배라고 하더라도 먼저 다가가기 어렵습니다. 그래서 훈련할 때나 지나갈 때 제가 먼저 말합니다. 후배들에게 ‘밖에서 너를 봤을 때는 이런 모습이었다’ ‘너는 어떻게 생각하느냐’ ‘어떻게 그동안 야구를 해왔느냐’ 등을 물어봅니다.”

일단 후배들의 야구관에 대해서 물어본다는 것이다. 요즘 친구들은 어떻게 야구를 대하는지, 어떤 생각을 갖고 있는지 솔직히 궁금하기도 했단다.

“나도 야구를 오래 했지만 처음 만난 후배들의 야구관을 모르고 제 경험을 말하는 것보다는, 어린 선수들이 그동안 어떻게 야구를 했는지, 이 선수의 생각이 어떤지를 물어보는 편입니다. 그렇게 하다 보면 어린 친구들도 앞으로 어떻게 야구를 해야 하는지 정립할 수 있습니다.”

이처럼 대화를 통해 질문하고, 상대방의 대답에 따라서 자기 경험을 얘기해주는 게 김민성 선수의 피드백 방식이다. 수년 후 어쩌면 코치이자 감독으로서의 김민성 선수를 보게 될 것 같다는 생각이 든다.

피드백은 선택이다

○

나 역시 뉴스레터와 SNS, 책 등 다양한 콘텐츠를 쏟아내다 보니 많은 피드백을 받곤 한다. 한번은 제목에 대한 피드백을 받았다.

'백코치의 성장하는 뉴스레터 181화'처럼 몇 번째 뉴스레터 말고 그날의 핵심 키워드, 또는 제목을 써주시면 좀 더 놓치지 않을 수 있을 것 같아요. 항상 좋은 글 감사합니다.

짧은 고민 끝에 맞는 의견이라고 느꼈다. 나는 발행자이기 때문에 내가 몇 번째 보내는 뉴스레터인지가 중요했지만 내 뉴스레터를 읽는 사람들 입장에서는 뉴스레터의 제목을 보고 읽을지 고민하며 내용에 호기심을 갖게 되기 때문이다.

그래서 메일 제목을 '[성장을 위한 '워크에식'] 백코치의 성장하는 사람들이 읽는 뉴스레터 2024년 11화 (181화)'처럼 수정해 뉴스레터를 발행했다.

그런데 이 뉴스레터에 대한 또 다른 피드백으로 "직업윤리라는 단어가 있는데 쓸데없이 '워크에식'처럼 영어를 너무 많이 씁니다"라는 메시지를 받았다. 또 잠시 고민했다. 나도 일상에서 과다한 영어 사용에 대해 가끔 불편한 적이 있었기 때문이다.

그런데 이 피드백은 뉴스레터를 두 번 밖에 읽지 않은 분이 보낸 의견이었다. 즉 내 뉴스레터를 길게 보지 않은 구독자의 의견이라는 생각에 고민을 접었다.

이처럼 피드백은 나와는 다른 지식, 경험, 관점을 가진 사람의 의견이다. 리더일 수도 있고 동료나 처음 보는 사람일 수도 있다. 하지만 팀장이 피드백을 전한다 할지라도 그 피드백이 정답일 수는 없다. 그건 단지 지식과 경험이 많은 팀장이 바라보는 일의 관점일 뿐이다. 어느 누구의 피드백이든 정답도 오답도 아닌, 그저 한 사람의 관점일 뿐이다.

따라서 피드백을 받았을 때 우리가 해야 할 행동은 한 가지다. 피드백을 끝까지 듣고 그중에서 내가 동의하는 것과 내가 수정할 수 있는 부분을 찾아서 실행하는 것.

그러면 좀 더 편해진다. 정답도 없고 오답도 없는 단지 선택만 하는 것이 피드백임을 기억하자.

●

피드백을 잘해야 좋은 리더다

○

잉글랜드 프리미어리그 축구팀 토트넘의 포스테코글루 감독은 한 인터뷰에서 이렇게 말했다.

"리더십은 인기를 얻고 모든 사람을 행복하게 하는 것이 아니라, 옳지 않은 것이라 느낄 때 집단을 위해 최선이라고 생각하는 쪽에 서는 것입니다. 손흥민이 늘 웃는 긍정적인 사람이라 사람들이 오해하곤 하는데, 그는 이기고 싶어 하며 기준에서 벗어나는 것을 좋아하지 않습니다. 뭔가 옳지 않다면 손흥민은 말할 것입니다. 그건 때로는 인기를 얻기 어려운 일이고 비판받을 처지에 놓이게도 하지만, 리더로서 옳다고 생각하는 일이라면 단호하게 해야 합니다."

이 말을 통해 포스테코글루 감독이 생각하는 리더의 역할을 세 가지로 정리할 수 있다. 하나, 리더는 목표 달성(승리)을 목적으로 한다. 둘, 리더는 평소에는 주변 사람들을 편안하게 해주는 긍정적인 사람이다. 셋, 리더는 옳지 않은 모습을 보이는 구성원과 조직에는 쓴소리를 할 수 있어야 한다.

나도 리더의 역할을 비슷하게 생각한다. '팀의 성과를 만들고 구성원들의 성장을 돕는 사람'이 바로 리더라고 말이다.

2023년 프로 야구 우승팀인 LG 트윈스에 감독과 단장 등 모든 리더가 기대하는 어린 선수가 있었다. 2023년에 고등학교를 졸업한 포수 김범석 선수다. 아직은 부족한 어린 선수에게 팀과 리더들은 꽤 많은 공을 들였다.

하지만 그는 아직 마음과 몸의 준비가 덜 되어 있었고, 이에 감독과 코치들은 쓴소리를 하기 시작했다. 심지어 미국 애리조나 스프링캠프에서 탈락시키고 한국으로 귀국 조치를 시켜버렸다. 이유는 단 하나다. 본인이 준비되어 있지 않으면 그 기회를 더 줄 수 없기 때문이다.

일이 성공하기 위해서는 무엇이 필요할까? 그건 바로 높은 목표를 설정하고 반복된 피드백을 통해 지속해서 학습하고 변화하는 것이다. 피드백의 목적은 그러한 행동 변화와 성장을 돕는 것이다.

이 목적을 잊은 채 피드백을 주고받게 되면 피드백을 전하는 사람에게는 회피하고 싶은 불편한 시간이 되고, 피드백을 받는 사람에게는 자신의 부족함이 드러나는 질책의 시간이 될 수밖에 없다. 따라서 피드백을 전하는 사람도, 피드백을 받는 사람도 이 목적을 꼭 기억해야 한다.

평가, 피드백, 피드포워드는 어떻게 다를까

평가와 피드백 그리고 피드포워드는 일견 비슷해 보이지만 사실은 많은 차이가 있다. 그런데 리더들이 세 단어를 혼용해서 사용하는 경우를 많이 본다. 리더가 이를 구분해서 사용할 수 있다면 팀원들에게 더 좋은 영향력을 줄 수 있다.

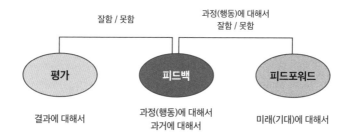

●

평가 vs 피드백

○

먼저 평가와 피드백을 구분해보자. 평가와 피드백의 공통점은 '잘했어, 못했어'를 이야기하는 것이다. 그래서 리더들이 많이 혼용해서 사용한다. 차이점은 무엇일까? 그것은 바로 '결과'를 평가하고 '과정'을 피드백하는 것이다.

평가는 '잘했어, 못했어'를 판단해서 등급을 매기는 활동을 의미한다. 주로 리더가 구성원의 결과물을 가지고 진행한다. 성과 평가를 할 때 구성원들은 어떤 관점에서 자신의 1년을 평가할까? 바로 자신의 목표 대비 결과다. 목표보다 결과가 좋으면 잘한 것이고, 목표보다 미흡하면 못한 것이 된다.

그런데 결과를 그대로 둔 상태에서 평가를 잘 받을 수 있는 쉬운 방법이 하나 있다. 바로 '목표를 낮추는 것'이다. 목표가 쉬워지면 노력하지 않아도 더 좋은 평가를 받을 수 있게 된다.

리더가 평가만으로 구성원과 소통하면 구성원들은 자신이 평가를 잘 받을 수 있는 목표에 도전한다. 그 목표는 어렵거나 새롭거나 복잡하지는 않을 것이다. 그럼 조직은 쇠퇴해갈 수밖에 없다.

그래서 평가를 할 때 중요히게 여기아 하는 섯은 목표 대비 결과값을 보는 것이 아닌 '개인 레벨 대비 어떤 수준의 목표를 합의했는가?'이고, 더 중요한 것은 '그 팀원의 결과가 팀과 회사, 고객에게 어떤 가치를 주었는지를 찾는 것'이다. 이를 성과 평가라고 말한다. '평가'가 단순히 기대하는 목표와 결과를 비교하는 것이라면, '성과 평가'는 그 결과가 팀이나 회사에 기여한 정도를 논의하는 것이다.

성과 평가를 할 때마다 구성원 개인의 셀프 평가가 팀장의 평가보다 상대적으로 높은 이유가 여기에 있다. 팀원들은 자신의 목표 대비 결과를 비교하며 셀프 평가를 한다. 그리고 자신이 얼마나 노력했는지를 평가에 반영한다.

하지만 노력은 피드백에 해당하는 영역이다. 평가의 기준은 내 목표가 아니라, 팀과 조직의 목표가 되어야 한다. 이 관점을 맞출 수 있다면 조금은 더 객관적인 평가가 될 수 있다. 구성원 또한 더 성장할 수 있고, 더 영향력을 줄 수 있는 목표에 도전하며 자신의 성과를 평가할 수 있다.

따라서 개인의 레벨 대비 낮거나 이전과 비슷한 목표를 수행하면서 좋은 평가를 받는 직원보다 팀과 회사를 위해 더 어렵고 새로운 목표에 도전한 직원이 좋은 평가를 받을 수 있도록 해야 한다. 개인의 레벨에 맞는 목표보다 더 중요한 것은 '결과가 주는 영향력'이다. 우리 팀에 가장 큰 기여를 한 구성원에게 더 높은 평가를 줘야 한다.

평가가 끝났다면 이어서 해야 하는 것은 피드백이다. 평가와 마찬가지로 피드백 또한 '잘했어, 못했어'를 판단한다. 하지만 평가와 다른 점은 결과보다 과정과 행동에 초점을 맞춘다는 것이다. 그래서 결과가 좋든 나쁘든 그 결과가 나오는 과정에서 잘한 행동과 개선이 필요한 행동을 찾아야 한다.

피드백은 결과가 나오는 시간 동안 과업을 수행하며 학습하고 노력한 것, 자랑하고 싶은 방법, 장애물로 인해 어려웠던 것, 성장이 막혀 버린 것을 찾아내는 시간이다. 피드백을 꼭 해야 하는 이유는 피드백을 통해서 미래의 내 성장을 위해 잘하는 것은 더 잘할 수 있도록 계획하고, 부족한 것은 어떻게 채워 나갈지를 계획할 수 있기 때문이다.

●

피드백 vs 피드포워드

○

이번에는 피드백과 피드포워드(Feedforward)를 구분해보자. 둘의 공통점은 과정과 행동에서 잘한 것과 못한 것을 찾아낸다는 것이다. 차이점은 피드백은 과거이고, 피드포워드는 미래에 해당한다는 것이다.

피드포워드 또한 피드백처럼 행동에 초점을 맞춘다. 피드백과 다른 점은 바라보는 시점이다. 피드백이 과거의 행동과 일하는 방식에 대해서였다면, 피드포워드는 미래에 기대하는 행동과 일하는 방식에 맞춰져 있다.

예를 들어 올해 성과 평가 중간 피드백 미팅을 한다고 해보자. 지금은 6월 말이고, 이때 평가는 올해 목표 대비 상반기 결과가 기준이 된다. 그리고 상반기 결과가 팀의 목표에 얼마나 영향을 주었는지, 작년 상반기와 비교해서 더 나아졌는지를 확인한다.

피드백은 올해 상반기 동안에 잘했다고 생각하는 과정과 아쉬웠던 것을 찾는 것이고, 작년과 비교해서 더 노력했거나 학습했던 부분들도 찾아볼 수 있다.

한편 피드포워드는 미래에 해당한다. 6월 말 시점에서 미래는 올해 하반기가 된다. 그럼 하반기에 어떤 목표에 도전할 것인지, 그 목표를 달성하기 위해 지금부터 어떤 계획을 세우고 실행할 것인지를 묻는 대화가 될 것이다. 이때 핵심은 상반기와 무엇이 비슷하고 달라지는가다.

평가와 피드백, 피드포워드 중에 더 좋고 나쁜 것은 없다. 이 차이를 이해하고 사람과 상황에 맞게 잘 사용하는 것이 필요할 뿐이다.

- **평가**: 목표를 얼마나 달성했는지 결과물을 판단하는 것
- **피드백**: 과거 설정한 목표로부터 시작해서 결과물을 만들어 가는 과정에서 어떤 변화가 있었는지를 판단하는 것(역량, 지식, 스킬, 태도, 일하는 방식의 변화)
- **피드포워드**: 미래 기대하는 목표와 모습을 어떻게 달성해 갈지 지금부터 그 과정을 설계하는 것(구체화된 역량과 일하는 방식, 태도 등)

평가, 피드백, 피드포워드는 리더가 꼭 알아야 하는 대화이고 기준이다. 다음 사항에 유의해서 실행해보자.

- 리더의 평가를 조금 늦추고, 팀원이 스스로의 과업을 평가할 수 있게 하자.
- 평가는 짧게, 과정에 대한 피드백은 자주 그리고 길게 해보자.
- 리더가 주도적으로 평가와 피드백을 줄 때도 팀원의 의견을 물어보자.
- 평가와 피드백은 정답이 아닌, 서로의 관점을 공유하는 대화라는 것을 서로 합의하자.
- 미래의 목표를 합의하고, 구체적인 행동을 계획하자.

─────── **평가, 피드백, 피드포워드의 질문 차이** ───────

- 올해 목표는 무엇이었고, 얼마나 달성했는가?
- 팀의 목표에 팀원 A가 어떤 기여를 했는가?

- 올해 상반기 동안 팀원이 결과물을 만들어 가는 과정에서 성장한 것은 무엇인가?
- 기대했던 모습보다 부족했던 것은 무엇인가?

- 올해 팀원 A에게 기대하는 역할, 목표는 무엇인가?
  (리더의 생각, 팀원 스스로의 생각)
- 이 역할과 목표를 이루기 위해 어떤 지식, 기술, 스킬, 경험이 필요하고 어떻게 학습해야 할까?
- 이 역할과 목표가 팀원 A에게 어떤 의미가 있는가?
  (커리어, 개인 비전 등)

과거는 바꾸지 못하지만
미래는 설계할 수 있다

　직장에서의 피드백은 무엇일까? 누군가는 평가나 판단, 지적이나 조언이라고 생각하고, 팀장이 팀원에게 주는 업무 지시라고 생각하는 이도 있다. 피드백을 긍정적으로 느끼는 사람은 '나를 도와주는 것' '내가 더 잘했으면 하는 것들을 알려주는 것'이라고 표현하기도 한다. 요약하면 피드백은 '업무 과정의 말과 행동에 대해 상대방의 느낌·감정·행동 등이 모두 포함된 반응'이라고 할 수 있다.

　피드백을 하는 이유는 단어의 뜻에서 찾을 수 있다. 피드백은 피드(Feed)와 백(Back)으로 구성된 단어로, 과거를 돌아본다는 의미를 가지고 있다. 따라서 잘하고 있는 행동을 계속하게 하고, 잘 못하는 행동이나 개선해야 할 행동을 바꾸기 위해서 피드백을 하는 것이다. 잘하고 있는 행동을 계속하게 하도록 하는 대화를 '지지적 피드백'이라고 한다.

과거의 결과와 행동에 대해 인정과 칭찬을 받으면 인센티브도 아니니 직장인에게 큰 의미가 없다고 생각할 수도 있다. 그러나 팀장에게 인정과 칭찬을 받으면 팀원은 기분이 좋고, 자신이 하는 일에 동기부여를 얻게 된다. 동기부여를 통해 내가 하는 일을 더 잘할 수 있게 된다면 이는 내 커리어를 확장하는 길에 도움이 된다.

●

긍정적인 변화를 가져오는 5가지 원칙

○

인정과 칭찬을 하는 중요한 목적은 '잘하고 있는 행동을 반복하게끔 하는 것'이다. 따라서 팀장은 팀원들에게 관심을 가지고 관찰과 대화를 통해 인정·칭찬할 소스들을 찾아야 한다. 이때 5가지 원칙을 명심하자.

1. 행동과 과정 중심으로 칭찬하라

결과도 중요하지만 그보다 더 중요한 것은 행동과 과정을 칭찬해야 한다. "수고했어" "고마워"보다 "늦은 시간까지 데이터 분석해줘서 고마워"라는 식으로 구체적인 행동을 표현하면서 칭찬하라.

2. 즉시 칭찬하라

그 행동을 기억하고 있을 때 칭찬해주는 것이 좋다. 적절한 타이밍에 인정과 칭찬을 받아야 그 행동을 기억하고 계속해서 반복할 수 있게 된다.

3. 더 잘할 방법을 제안하라

잘하고 있는 행동을 칭찬했는데, 그 행동이 더 나아지지 않는다면 어떻게 될까? 변화가 없는 '잘함'은 시간이 지나면 오히려 약점이 되어버릴 수도 있다. 예를 들어 이런 식으로 더 좋은 방법을 제안하면 어떨까.

"이번에 고객 조사했던 방식이 너무 좋았던 것 같아요. 그걸로 인해 진짜 원인을 찾을 수 있었거든요. 이번 데이터 분석 방법을 동료에게 공유해주면 더 좋을 것 같아요."

"이번에는 VIP 데이터만 들어갔는데, 다음에는 이탈 고객 데이터도 포함되면 더 좋은 자료가 나올 것 같아요."

4. 쓸데없는 말은 빼자

"매일 지각하더니, 오늘은 일찍 출근했네요."

이 말은 칭찬일까, 아니면 비난일까? 인정과 칭찬을 할 때 유의해야 할 부분은 바로 이렇게 쓸데없는 단어를 포함하지 않는 것이다. 칭찬할 때는 칭찬만 해라.

5. '나(I)' 또는 '우리(We)' 관점을 넣어라

인정과 칭찬을 할 때 팀장인 나(I), 동료와 팀인 우리(We), 그리고 회사에 어떤 도움이 되었는지를 알려주자. "늦은 시간까지 고객 조사를 마무리해줘서 고객의 진짜 니즈를 찾을 수 있었어요. 우리 팀 발표에 큰 기여를 해줘서 고마워요"처럼 말이다.

크리스티나 홀은 인정과 칭찬에 대해 이렇게 말했다.

"칭찬을 많이 받을수록 성과가 올라가고 이직률은 감소합니다. 경제적 보상은 직원의 소속감이나 이직률에 큰 영향을 미치지 않습니다. 반면 칭찬의 횟수는 실질적인 영향을 미칩니다. 한 직원이 한 분기에 세 차례 이상 칭찬을 받을 때 다음 평가에서 그들의 성과 평가가 크게 상승합니다. 그리고 한 분기에 네 번 이상 칭찬과 인정을 받을 때 그 직원이 1년 후 같은 직장에 머물 가능성은 96%로 늘어났습니다."

크리스티나 홀의 말처럼 오늘부터 인정과 칭찬을 강력한 리더십 무기로 활용하자. 팀원과 동료에게, 그리고 나 자신에게 인정과 칭찬을 연습하자.

●

지지적 피드백의 함정

○

좋은 점만 있어 보이는 지지적 피드백에도 함정이 있다. 만약 항상 리더에게서 "똑똑하네, 잘하네" "항상 잘해 왔잖아. 이번에도 잘할 거야"" 이번에 매출 목표 달성했네. 잘했어"라는 말을 들으면 팀원은 어떤 마음이 들까? 기분이 좋을 수는 있지만, 행동의 변화는 없을 것이다. 잘하고 있다는 말을 들었으니 하던 대로 하지 않겠는가.

EBS 〈칭찬의 역습〉에서는 초등학생들에게 수학 문제를 풀 때 칭찬해주면 어떻게 행동이 변화하는지를 보여주었다. 먼저 아이들을 2개 그룹으로 나눠 수학 문제를 풀게 했다. A그룹의 아이들에게는 선생님이 "똑똑하구나"" 잘하는구나"라는 칭찬을 했고, B그룹의 아이들에게는 "열심히 노력하는구나"" 어려운 문제인데, 끝까지 하는구나"라는 칭찬을 했다.

그런 다음 이 아이들에게 비슷한 난이도의 수학 문제와 좀 더 어려운 수학 문제 중에 선택하게 했다. 결과는 어땠을까? 똑똑함을 칭찬받은 A그룹의 아이들은 비슷한 난이도의 문제를 선택했고, B그룹은 1명을 제외한 모든 아이가 어려운 수학 문제를 선택했다. 그러면서 B그룹의 아이들은 "비슷한 문제는 풀어봤으니, 이번에는 조금 더 어려운 문제를 풀어보려고요"라고 말했다.

두 그룹의 아이들은 모두 칭찬을 받았지만, 문제를 선택할 때 서로 반대의 행동을 했다. 재능을 칭찬받은 A그룹은 성공이 보장된 비슷한 난이도의 문제에 도전했고, 행동과 노력을 칭찬받은 B그룹의 아이들은 더 어려운 문제를 선택했다.

다시 말해, A그룹 아이들은 더 어려운 문제를 풀지 못하면 선생님이 자신은 재능이 없다고 생각할 거라고 생각했던 것이다. 그래서 똑똑한 아이라는 타이틀을 지키고자 자신이 풀 수 있는 문제를 선택했다. 반대로 행동과 노력을 칭찬받은 B그룹의 아이는 더 어려운 문제를 풀면 더 노력하는 모습을 보일 수 있기 때문에 어려운 문제를 선택했다.

이는 비즈니스에서도 동일하게 나타나는 현상이다. 성과나 결과만 칭찬받은 사람은 성과가 날 수 있는 일만 골라 하려고 한다. 어렵고 새로운 일에 도전하지 않게 되는 것이다.

발전을 돕는
피드포워드

단순히 잘한 일을 칭찬하는 지지적 피드백에서 끝나서는 안 된다. 개선해야 할 행동을 전달하는 '발전적 피드백(Feedforward)'이 필요하다. 이때도 개선해야 할 행동에 대해 부정적인 단어를 사용하지 않고 "더 좋은 모습을 보이려면 이렇게 하면 좋을 것 같아"라며 전달할 수 있다. 이것을 발전적 피드백, 즉 피드포워드라고 한다. 이는 잘못됐거나 고쳐야 할 행동을 지적하되, 부정적 단어를 사용하기보다는 조금 더 미래 지향적으로 대화를 하며 행동 개선을 돕는 목적을 가진 피드백이다.

폴 매카트니의 전속 사진작가였던 김명중 작가가 한 TV 프로그램에 나와 한 이야기다. 김 작가는 폴 매카트니의 공연을 매번 따라다니며 고액의 비용을 받고 촬영하는 일을 했다. 점점 일에 익숙해졌던 어느 날, 공연이 끝난 뒤 평소처럼 매카트니와 김 작가는 공연 사진을 점검했다. 일을 끝낸 뒤 일어서는 김 작가에게 매카트니가 말했다.

"네가 찍은 사진이 더 이상 날 흥분시키지 않는데, 어떻게 생각하니?"

매카트니는 더 이야기를 하지 않았고, 김 작가를 그만두게 하지도 않았다. 단지 질문을 던졌을 뿐이다. 하지만 이 일을 계기로 자신의 행동을 돌아본 김 작가는 일을 대하는 태도를 바꿨다고 한다. 이전에는 원본 사진을 보여주고 매카트니가 고른 사진만 보정을 했다면, 이제는 모든 사진을 보정한 뒤 그를 만나는 방식으로 말이다.

매카트니의 짧지만 강한 피드백으로 인해 김 작가는 일하는 순서를 수정했다. 전에는 일을 조금 쉽게 하기 위해 사진이 결정되면 보정을 했었는데, 이제는 보정하는 데 더 많은 에너지를 사용해 중간 점검 퀄리티를 끌어 올린 것이다. 그는 그렇게 일에 더 집중할 수 있게 되었다고 한다.

만약 매카트니가 "평소와 다르게 사진이 왜 이 모양이야?"라거나 "이거 너무 이상해"라며 전후 관계를 따지고 살못된 점을 지적했다면 김 작가에게 긍정적인 변화가 일어나지 않았을 수 있다. 이처럼 피드백을 주더라도 대화 방식에 따라 받는 사람은 다르게 받아들인다.

피드백은 피드백을 받은 사람이 스스로 생각하도록 만드는 힘을 가지고 있다. 과거와 현재의 나, 그리고 내가 이상적으로 생각하는 미래의 내 모습을 객관적으로 비교하게 만든다.

질책과 지적의 의미가 담겼다고 오해할 수 있는 피드백은 리더와 팀원의 신뢰 관계에 따라 성패가 갈릴 수 있다. 예를 들어 팀원과 리더 간 유대 관계가 없고, 사람에 대한 관심 없이 지적만 한다면 팀원은 리더의 피드백을 부정적으로만 받아들일 확률이 높다. 아무리 진심이 담긴 피드백이더라도 기분 나쁜 지적과 질책으로 끝나고 마는 것이다.

반대로 피드백을 하는 리더가 평소 팀원과 충분히 대화하고 신뢰를 쌓았다면 부족함을 전달하는 리더의 솔직한 피드백도 팀원이 더 잘 이해할 것이다. 자신에 대한 관심의 결과라는 걸 믿기 때문이다. 신뢰 위에 솔직함을 마주할 때 효과가 나타난다는 것을 기억해야 한다.

폴 매카트니의 피드백에도 전속 사진작가에 대한 신뢰와 이해가 녹아 있었다. 그렇기에 과거보다 아쉬운 결과물을 보여주는 사진작가가 더 성장하길 바라며 배려가 담긴 피드백을 주었고, 스스로 생각하고 행동을 개선할 기회를 준 것이다. 가장 쉬운 선택은 "더 이상 네 사진이 마음에 들지 않으니 이제 그만하자"라는 것이었을 텐데 말이다. 현명한 피드포워드가 없었다면 김 작가의 실력과 폴 매카트니와의 인연 모두 발전하지 못했을 것이다.

피드포워드의 3단계

○

그럼 피드포워드는 어떤 과정을 거쳐야 할까? 불편한 상황을 직면하면서도 팀원의 행동 변화로 연결하려면 다음 세 단계를 따라야 한다.

1단계: 사전 준비

주고받는 사람이 모두 불편할 수 있는 피드백이다. 그래서 팀원이 이런 피드백을 수용할 수 있도록 사전 준비가 필요하다. 이 단계에서는 세 가지 키워드를 기억해야 한다.

- **관심**: 팀원의 성향, 과업, 일하는 방식 등에 관심을 가져야 한다. 관심은 그는 나와 함께하는 동료이자, 그의 성장과 성공을 지원하는 게 팀장의 일이라는 것을 인정하는 것에서부터 시작된다.
- **관찰**: 팀원의 행동을 관찰해야 한다. 어떻게 행동하는지, 어떤 방식으로 일하는지, 스킬이나 도구를 사용하는 수준은 어느 정도인지, 협업할 때 소통은 이떻게 하고 있는지, 강점을 잘 활용하고 있는지 등에 대해 구체적으로 알고 있어야 한다.
- **정보**: 관찰한 내용을 토대로, 피드백에서 어떤 메시지를 전달할지 정리해야 한다.

2단계: 대화 시간

사전 준비가 끝났다면 이제 피드포워드 대화를 해야 한다. 이때는 'FIARN'으로 요약되는 프로세스를 고려하면서 대화해보자.

- **피드백 근거(Fact)**: 1단계에서 관찰을 통해 찾은 정보가 팩트에 해당한다. 실제로 어떻게 행동했는지, 리더가 무엇을 관찰했는지를 설명해주는 것이다.
- **부정적 영향(Impact)**: 이렇게 관찰한 행동을 통해 어떤 부정적인 영향이 발생했는지 팀원에게 전해준다. 이때 세 가지 관점에서 부정적인 영향을 정리하면 좋다. 첫째, 회사와 리더 입장에서 어떤 부정적 영향을 받았는지 둘째, 동료들은 어떤 부정적 영향을 경험하고 있는지 셋째, 그로 인해 팀원 본인이 평가와 평판 등에서 어떤 부정적인 영향을 겪는지를 알려준다. 이때의 영향은 낮은 성과일 수도 있고, 브랜딩과 동기부여의 저하 등으로 다양하게 표현할 수 있다.
- **생각 듣기(And You?)**: 위에서 제시한 행동과 부정적 영향에 대해 팀원은 어떻게 생각하는지 이야기를 들어보는 순간이다. 팀원의 답변에 따라 서로의 관점을 더 이야기할 수도 있고, 이어서 'RN'으로 대화를 연결할 수도 있다.
- **행동 요청(Request)**: 피드백도 문제 해결 과정과 동일하다. 앞서 팩트와 임팩트라는 과정을 통해 문제를 객관적으로 인식한 다음, 변화해야 할 행동을 요청한다. 팀원에게 기대하는 행

동과 일하는 방식을 새롭게 요청하는 것이다.

- **기대되는 긍정적 영향**(New Impact): 요청한 행동을 팀원이 실행할 경우 예상되는 긍정적인 영향을 표현해준다. 이때도 부정적인 영향과 동일하게 세 가지 관점에서 정리해 이야기하면 좋다.

3단계: 사후 팔로업(Follow Up)

세 번째 단계는 행동 개선이 지속되도록 도와주는 것이다. 이전 대화에서 제안한 요청에 따라 행동이 변화했는지, 아니면 변화하지 않았는지를 확인해 표현하는 것이다. 개선되고 있는 부분을 발견했다면 그 점을 언급하면서 "행동을 개선해줘서 고마워요"라는 인정과 칭찬을 할 수 있다. 반대 상황이라면 "지난번 미팅 때 요청한 부분이 아직 바뀌지 않는 것 같은데, 어떤 점이 힘든가요?"라며 개선되지 않는 부분을 공유해줘야 한다.

Feedback

2장

올바른 목표 설정

목표는
어려워야 제맛

목표 수립을 하는 연말과 연초, 많은 사람이 스트레스를 받는다. 매년 달성해야 할 목표가 어려워지고 새로워지기 때문이다. 지난해에도 고생했는데 그에 따른 보상도 마땅치 않다. 게다가 다시 목표가 리셋되어 새로 시작해야 한다.

그럼 목표를 달성하는 가장 쉬운 방법은 무엇일까? 그것은 '내가 달성할 수 있는 수준의 목표를 수립하는 것'이다. 달성할 수 있는 목표를 수립하는 방법은 너무 쉽다. 내가 잘 아는 방법과 잘하는 방법으로 해결할 수 있는 수준의 목표 혹은 이전에 내가 달성했던 목표를 설정하면 편하다. 다만 달성할 수 있는 목표에 도전하면 성장과 변화가 없다는 것을 알아야 한다.

성장과 변화가 중요하지 않았던 시절도 있었다. 그래도 조직이 성장했다. 성장한 조직이 구성원들을 먹여 살렸고 충성심만 가지고 있으면 회사에서 인정받을 수 있었던 시대였다. 그렇게 평생 직장의 시대에는 충성심이 핵심 역량이었다.

하지만 지금 시대는 다르다. 목표는 매년 조금씩 더 어려워지기도 하고 새롭게 설정되기도 한다. 왜 그럴까? 내가 경력이 쌓였고 성장했기 때문에 나에게 기대하는 성과와 역할이 달라지기 때문이다. 그래서 지난해와 같은 목표를 받았다면 오히려 '내가 회사에서 인정받지 못하고 있구나. 내가 중요한 직원이 아니구나'라고 생각해볼 필요가 있다.

시장 환경이 너무 빠르게 변화하는 것도 한 가지 이유다. 5년, 10년에 걸려 나타날 변화가 이제는 1년, 아니 몇 개월 안에 나타나고 사라져버린다. 그래서 조직의 목표 또한 빠르게 변화하고 수정된다. 그런데 이런 점이 안 좋기만 할까?

이전에 기업의 임원을 코칭한 적이 있다. 회계사인 이 임원은 업무에 대한 높은 기준을 가졌기에 그와 함께 일하는 많은 직원이 힘들어했고, 그래서 타 부서로 이동하는 직원도 종종 있었다. 그런데 힘들어서 좀 편한 부서로 이동했던 팀원들이 다시 돌아오는 경우도 적지 않았다. 그런 직원들은 대체로 이렇게 말했다.

"쉬운 부서에 갔더니 몸은 편하고 시간도 많은데, 1년이 지나고 보니 이력서에 쓸 내용이 없더라고요. 이사님과 일할 때는 몸은 힘들어도 이력서에 쓸 내용이 많았고, 그게 성장이었다는 걸 알게 되었어요."

　분명 높고 새로운 목표는 힘들다. 지금 내 수준에서는 할 수 없는 과업들이므로 학습과 훈련이 필요하다. 그런데 그런 고생과 훈련은 내 이력이 되며, 그 누구보다 빠르게 성장시켜 주기도 한다. 높고 어려운 목표를 고생이라 여긴다면 지난해의 나와 올해의 나는 큰 차이가 없을 것이다. 하지만 고생을 각오하고 도전한다면 내년 이맘때에는 올해보다 부쩍 성장한 나를 발견할 수 있을 것이다. 목표는 어려워야 한다. 다른 누구도 아닌 나의 성장을 위해서 말이다. 그래서 스스로 더 성장하고 더 성공하려는 조직과 사람들을 보면 현재와는 차원이 다른 목표를 설정한다.

●

어려운 목표를 설정할 때 진짜 피드백이 온다

○

　목표 달성에 초점을 맞추면, 아주 조금만 더 노력하면 이룰 수 있는 목표를 정하게 된다. 이처럼 달성 가능한 목표를 설정하면 우리는 안정감을 느낀다. 결론적으로 목표를 달성할 가능성이 매우 높기 때문이다. 그런데 달성 가능한 목표를 설정하는 순간, 이전과 비슷한 패턴으로 일을 하고 행동할 수밖에 없다. 새로운 방법을 쓸 필요도 없고, 묻고 배울 필요도 없기 때문이다.

　반대로 이전보다 높거나 완전히 새로운 목표를 설정하면 목표를 달성하지 못할 가능성이 커진다. 하지만 달성하기 어렵기 때문에 이전과는 다른 방식을 도모하게 된다.

예전에는 나 또한 완벽성을 추구하는 성격 탓에 달성 가능한 목표를 설정했다. 부족함이 드러나는 일이나 내가 남보다 못할 것 같은 일엔 도전하지 못했다. 회계학을 전공했기에 CPA(공인회계사)에 도전해볼 만했지만, 과정의 험난함과 어려움을 지레짐작하고 도전조차 하지 않았고, 유학이나 더 좋은 학습의 기회들을 보기 좋은 말로 걷어찼다. 학창 시절에 그렇게 도전하지 않았기에 실패도 경험해 보지 못했다.

그런데 첫 직장이 모든 것을 바꿔 놓았다. 회사는 신입사원인 나에게 브랜드 마케팅을 해 보라고 했으며, 2년 차 주임으로 승진했을 때 브랜드 전체의 절반에 해당하는 매장들을 맡으라고 했다. 2005년 당시 그 규모가 200억 원에 달했다. 4년 차에는 그룹 인재 개발 팀장을 맡겼고, 9년 차에는 그룹 부회장의 비서실장, 14년 차에는 작은 법인 5개를 책임지는 HR 실장의 역할을 맡겼다. 물론 시행착오도 많았지만 회사가 주는 높은 수준의 과업을 성실하게 수행하다 보니 더 빠르게 성장하는 기회를 얻을 수 있었다.

달성 가능한 목표를 설정하면 대부분의 평가가 '잘했다'로 끝날 수밖에 없다. 하지만 어려운 목표를 설정하면 '잘했다'보다 '부족함'이 더 드러나게 되고, 그 부족함을 인정하고 학습하는 순간 우리는 더 성장할 수 있다. 자기 자신에게 제대로 된 피드백을 주기 위해서는 대담하고 새로운 목표를 설정해야 한다.

높은 목표가 두려운 당신을 위한 조언

○

어려운 목표와 새로운 도전을 시도하는 데 어려움을 겪는 사람들이 있다. 나도 그렇다. 지금은 일에서 두려움을 느끼는 경우가 별로 없지만 아직도 일상에서 두려워하는 것이 두 가지 있다.

하나는 수영이다. 어릴 적 물에 빠져 죽을 뻔한 기억이 어렴풋이 남아 있다 보니 물을 싫어하게 되었다. 그래서 한 번도 수영을 배우려고 하지 않았다.

다른 하나는 해외여행이다. 나는 낯선 곳이나 처음 만나는 사람이 많은 곳이 불편하다. 항상 주변을 관찰해서 대비하고 판단하는 습관이 있는데, 새로운 곳에서 새로운 사람을 만나게 되면 아무런 정보가 없으니 0에서부터 관찰해야 한다. 거기에 에너지를 쓰다 보면 즐길 힘이 없다.

또 영어에 대한 두려움도 있다. 외고 영어과를 나왔지만 영어를 싫어했고, 스스로 영어를 잘한다고 느끼지도 않는다. 그런데 해외여행을 가면 내가 자신없어 하는 영어를 사용할 수밖에 없다. 내가 기대하는 만큼 잘하지 못하는 상황에 놓이는 것에 두려움을 느끼는 것이다.

내가 가진 두려움에 따라 이겨내는 방법도 다르다. 트라우마가 있다면 먼저 트라우마를 인정해야 한다. 그리고 그때와 지금의 나는 다르고, 환경도 다르다고 생각하며 조금씩 행동으로 옮겨야 한다. 자신의 능력을 믿고 할 수 있는 범위 내에서 움직이기 시작하는 것이다.

잘하고 싶은 마음에서 나온 두려움이라면 내가 노력해서 역량을 키우거나, 잘하는 사람에게 일을 맡겨야 한다. 되도록 스스로 조금씩 시도해보는 것이 좋다. 잘할 수 있는 것만 해도 되겠지만 그러면 영영 경험하지 못하는 영역이 생긴다.

어렵고 새로운 목표가 주어졌는가? 그 목표가 두려운가? 그렇다면 그 두려움의 실체를 먼저 찾아보자. 그리고 조금씩 극복해보자.

도전하지 않으면 또 다른 두려움이 찾아온다. 너무나 평범한 이력을 갖게 될 수도 있다는 두려움 말이다. 내 수준보다 어렵고 새로운 일을 하지 않고 성장하는 방법은 없다.

내가 하고 싶은 일
vs 회사가 시키는 일

목표를 수립할 때 우리가 자주하는 고민이 있다. 내가 하고 싶은 일과 회사에서 나에게 기대하는 일이 다를 때는 어떻게 해야 할까? 스타트업의 5년 차 CS 담당자인 A의 사례를 보자. A는 경력직으로 회사에 입사했고, 면접 과정에서 자신이 하고 싶은 일을 할 수 있다는 기대를 품었다. 채용 과정에서 JD(Job Description)에 자신이 하고 싶은 일이 포함되어 있었기 때문이다. 그건 바로 CS 과업을 레벨업하는 것이었다.

그런데 막상 출근하니 생각과는 다른 과업들이 주어지기 시작했다. 면접 과정에서 논의된 과업도 아니고 CS 본연의 과업도 아닌, 영업부를 서포팅하는 일이었다.

회사는 실적이 중요한 상황이었다. 외부 투자도 받아야 했는데 이를 위해서는 영업부가 매출을 끌어올려야 했다. 그러다 보니 모든 조직은 영업부를 중심으로 움직이고 있었고, 영업부는 외부 활동을 통해 연결된 예비 클라이언트 서포트를 CS 담당자에게 토스하기 시작했다.

게다가 영업부가 외부 활동을 하기 위해 필요한 여러 서류를 준비해 주는 일까지 처리해줘야 했다. 경영진도 영업부를 적극적으로 지원해달라고 요청했다. 상황이 이렇다 보니 그의 고민은 깊어졌다.

현실에서 내가 하고 싶은 일과 회사에서 나에게 해 달라고 요청하는 일이 불일치하는 경우는 많다. 이때 리더는 실무자가 자신의 과업과 목표를 위해 일할 수 있도록 동기부여를 해줘야 한다. 이 일이 왜 중요한지, 이 일을 통해서 팀과 회사에 어떤 긍정적 영향을 주게 되는지 충분히 설명해야 한다.

그러고 나서 리더의 입장에서는 실무자 개인이 그 일을 하면서 얻는 이득에 대해서도 납득하게 만들어야 한다. 예를 들어 그 일이 개인의 성장과 커리어에 어떻게 도움이 되는지, 주도권을 가지고 일을 할 수 있는 기회가 있는지, 금전적 보상은 어떻게 이루어질지 등을 설명하는 것이다.

"A님이 영업부를 서포팅하는 과업을 해주셨으면 좋겠어요. 이 과업이 A님이 생각하는 것보다 회사와 팀 관점에서는 중요한 과업이라고 생각하거든요. 올해 우리 회사는 영업부를 통해 매출을 200% 끌어올려야 해요. 그렇지 않으면 향후 투자를 받기 어려워집니다. 대신 200% 목표가 달성되면 투자뿐만이 아니라 내년에 더 많은 활동을 할 수 있는 기회를 얻게 됩니다. 이때 A님이 중요하게 여기는 매뉴얼과 시스템 구축 작업을 해볼 수 있을 것 같아요."

●

내가 하고 싶은 일을 중요한 일로 만들어라

○

이제 팀원의 입장에서 보자. 내가 하고 싶은 일과 회사에서 시키는 일이 다르다면 그 괴리를 어떻게 극복할 것인가? 한 가지 방법은 내가 하고 싶은 일을 할 수 있는 환경을 만드는 것이다. 그러려면 회사와 팀의 목표를 확인하고 그에 맞는 액션 플랜을 짜야 한다.

앞서 A는 자신의 리더, CEO로부터 회사의 목표에 맞게 과업을 수정해 달라는 요청을 받고 고민에 빠졌다. 리더와 어떻게 소통하면 내가 하고 싶은 일을 할 수 있을까? 내가 하고 싶은 일이 회사에서 중요한 일이 되게 하는 방법은 무엇인가?

중요한 것은 회사의 진짜 목표를 확인하는 것이다. 이때 회사의 목표를 가장 중요하게 여기는 리더와 나의 과업을 결정해 줄 의사결정권자를 연결해야 한다.

먼저 영업부가 매출을 200% 끌어올려야 하는 이유는 회사의 생존과 관련되어 있었다. 그리고 이 목표는 CEO의 목표이기도 했다. CEO는 회사의 목표가 가장 중요하고, 회사의 목표가 돌파되었을 때 개인도 성장할 수 있다고 믿고 있었다. 이 부분이 코칭을 하는 중에 찾은 인사이트였다. A가 하려고 하는 일 또한 CEO가 중요하게 여기는 매출을 끌어올리는 작업 중에 하나였기 때문이다.

내가 A와의 대화에서 사용했던 질문들은 몇 가지 되지 않았다.

"A님이 하려고 하는 일은 어떤 일인가요?" "그 일과 CEO가 중요하게 여기는 영업 매출과는 어떤 관련이 있나요?" "A님이 하려고 하는 일을 CEO는 알고 있을까요?" "CEO에게 어떻게 소통하면 두 목표가 서로 얼라인되어 있다고 생각할 수 있을까요?"

나의 질문을 듣고 곰곰이 생각해본 A는 자신의 리더, CEO에게 이렇게 전달했다.

"회사가 올해 매출 200%라는 목표에 집중하는 것에 대해 제 의견을 이야기하고 싶습니다. 회사에서는 '영업부 지원'이라는 과업을 주셨는데 저는 조금 더 중요한 일이 있다고 생각합니다.

현재 매출을 끌어올리는 방법으로 영업부는 외부 활동을 통해 클라이언트를 모집하고 있습니다. 그렇게 연결된 클라이언트들이 저희 서비스를 파일럿 테스트를 하고, 최종 계약까지 연결되고 있습니다. 영업부가 클라이언트를 많이 모집하는 만큼 매출이 오르는 것은 맞지만, 그에 반해 파일럿 테스트를 마치고 최종 계약까지 연결되는 구매 전환율을 올리는 부분을 많이 놓치고 있습니다. 현재 약 40%의 클라이언트들이 파일럿 테스트를 경험하고도 계약을 하지 않고 있어요. 그 이유는 '파일럿 테스트가 너무 어려워서 적응이 힘들다'는 것입니다.

제가 하려고 하는 일은 '클라이언트의 파일럿 테스트를 쉽게 만들어 주는 매뉴얼과 관리 시스템을 구축하는 것'입니다. 이를 통해 6개월 안에 이탈 고객의 50% 이상을 줄일 수 있을 거라고 생각합니다. 회사의 매출을 끌어올리는 새로운 방법에 제 과업이 기여할 수 있을 것입니다."

결과적으로 A의 의견은 받아들여졌다. 리더조차 매출을 끌어올리는 방법에 '클라이언트의 파일럿 테스트 후 이탈률을 관리하는 방법'이 있다는 것을 놓치고 있었는데, A가 그 부분을 꺼내서 이야기해줬기 때문이다.

이처럼 하나의 목표를 달성하는 데 하나의 방법만 사용할 필요는 없다. 정말 많은 방법이 사용될 수 있다. 중요한 것은 모든 방법을 리더가 알지는 못한다는 것이다. 그래서 과업을 맡고 있는 담당자는 자신의 과업이 중요하다는 것을 증명하는 대화를 해야 한다.

이때 필요한 것은 '내가 하고 있는 과업과 그 결과물이 팀과 회사의 목표에 기여한다'는 근거다. 내가 하고 싶은 일을 회사가 중요하게 여기는 일이 되게끔 민드는 방법이 바로 '얼라인(Align)'시키는 것이다. 이것은 내가 하는 일이 회사와 팀에 큰 영향력을 준다는 메시지이기도 하다.

조직은 언제나 유한한 자원을 가지고 목표를 달성해 가야 한다.

사람, 시간, 돈, 시스템 등 모든 것이 유한하다. 작은 조직일수록 자원은 더 적다. 이 점을 염두에 두고, 조직에서 내가 하고 싶은 일을 팀의 목표와 얼라인해보라. 그럼 내가 하고 싶은 일이 우리 조직에서 가장 많은 리소스를 투자받는 가장 중요한 일이 될 수도 있다.

목표 설정 이전에
피드백부터 하라

'4요'라는 말을 들어봤는가?

"이걸요? 제가요? 왜요? 또요?"

요즘 세대가 과업을 부여한 리더에게 되묻는 말이다. 일반적으로 이 말을 하는 팀원들에게 '업무 거부'라는 프레임이 씌워지기도 한다. 그런데 업무를 거부하는 팀원이라면 이런 질문을 하지는 않을 것이다. 바로 '내 일이 아니다', '다른 일로 시간이 없다'라며 적극적 거부 의사를 표현했을 테니까.

따라서 팀원들이 '이걸요? 제가요? 왜요? 또요?'라고 되묻는다면 오히려 긍정적 반응이라고 할 수 있다. 이것을 좀 더 풀어보면 바로 이런 뜻의 질문이다.

"일을 하는 이유와 목적, 나에게 도움이 되는 부분이 궁금한데 더 설명해줄 수 있나요?"

목표 설정을 할 때 실무자에게 동의를 구해야 한다는 말이 조금 낯설게 느껴질 수도 있다. 그러나 이제 리더의 대화는 조금 달라져야 한다. 그저 팀의 목표를 위해 그 일을 해달라고 말하는 게 아니라, 그 과업의 목적과 의미에 대해 더 구체적으로 설명해주고, 팀원이 동기부여를 얻을 수 있도록 메시지를 전해야 한다.

●
피드백을 해보면 목표가 나온다
○

목표 수립을 할 때 가장 많이 실수하는 부분이 있다. 그건 '피드백'을 구체적으로 하지 않고 목표를 수립하려고 하는 것이다.

어느 회사의 HR 부서의 예를 들어보겠다. 올해 목표를 수립하려고 미팅할 때였다. CEO, 임원, 전략실 그리고 HR 부서가 모여 나와 함께 회사의 방향성에 대해 토론을 시작했다.

그런데 내용을 듣다 보니 지난해에 들었던 내용과 크게 달라지지 않은 부분이 있는 반면, 처음 듣는 새로운 전략이 등장하기도 했다. CEO의 이야기를 충분히 듣고 나서 내가 질문했다.

"작년 피드백을 통해서 알게 된 것은 무엇인가요? 그리고 그 내용 중에 지금 올해 목표에 반영된 것은 무엇인지 궁금합니다."

CEO와 임원은 아직 작년 피드백을 하지 못했다며 올해 목표 설정이 끝나면 피드백을 하겠다고 말했다. 그러나 나는 이렇게 권유했다.

"피드백이 먼저인 것 같습니다. 정말 구체적으로 작년 피드백을 해보시면 올해 목표와 전략은 쉽게 나올 것입니다."

다행히 HR 부서가 먼저 최근 2년 동안 채용한 모든 직원의 명단을 확인하며 피드백을 해두었기에, 그 피드백을 바탕으로 채용 목표를 먼저 수립했다.

채용팀의 피드백 주제
- **채용 채널 피드백**: 서치펌(5개사), 채용 플랫폼(3개사), 직원 추천, 재입사, 직접 채용 등
- **채용 프로세스 피드백**: 면접자, 면접 평가, 면접 질문
- **입사자 피드백**: 채용 이후 성과 평가

이렇게 해놓고 보니 최근 2년 동안 입사한 직원들 중 A 평가를 받은 구성원들의 특징이 보이기 시작했다. 그들 중 직원 추천과 재입사자가 꽤 많다는 것을 알게 된 것이다. 또한 5개의 서치펌 중 3개사는 C 평가가 많았다는 것을 알게 되어 계약을 종료했다. 2개의 우수 서치펌에는 어떻게 좋은 인재를 추천하게 되었는지 기준을 물어가며 학습하기 시작했다. 또 채용에서 실패한 리더들의 특징이 CEO의 단독 추천 및 면접임을 알게 되었다.

5가지의 채용 채널과 프로세스 그리고 입사자들의 피드백을 통

해 알게 된 것은 '팀장 이상의 리더 채용은 직원 추천과 재입사'로 진행하는 게 적합한 방법이라는 것이었다. 또 일반 팀원 채용은 2개의 서치펌에서 마케팅, 디자인 분야가 적합하다는 것이었다. 채용 플랫폼에서도 특화된 특징을 찾을 수 있었다.

퇴사자와 관련된 피드백도 있었다. 몇 가지 피드백을 깊이 있게 수치화하고, 토론하면서 결론적으로 다음 목표를 쉽게 설정할 수 있었다. 채용팀이지만 직원 추천제도와 A급 퇴사자 관리가 채용팀의 주요 과업이 되었다.

올해 HR 채용의 구체적 목표

- 인재상에 맞는 채용 프로세스 재설계

  (3개월 내 퇴사율 30% → 10%, 프로세스로 검증되지 않은 인재 채용 0%)

- 오프보딩(Off Bording) 프로세스 구축

  (2024년 A급 퇴사자 재입사 5명)

목표를 수립하는 방법에는 여러 가지가 있다. 경영진이 정한 목표를 받아서 그 목표를 어떻게 달성할 것인가를 고민하는 것도 좋은 방법이다. 그런데 이는 새로운 과업이나 목표를 설정하는 데 조금 더 적합한 전략이다. 이전에 이미 하고 있던 과업을 더 효과적으로 만드는 방법 중에 피드백만 한 것은 없다.

더 좋은 피드백을 위해 조직과 개인이 관리해야 할 수치를 몇 가지 정리해보면 조금 더 도움이 된다. 그리고 피드백을 1년에 한

번 하기보다는 주요 이슈가 있을 때마다 하는 게 좋다.

●

목표 수립에 더 많은 시간을 투자하라

○

많은 리더가 평가와 피드백에 에너지를 쏟는 모습을 보곤 하는데, 나는 목표 수립에 가장 많은 시간을 투자하라고 말한다. 목표가 달라지면 일하는 방식이 달라지고, 피드백해야 하는 주제도 달라지기 때문이다. 이는 우리 팀과 구성원 개개인이 올 한 해를 어느 방향으로, 어떤 속도로, 어떤 방식으로 일할 것인지를 정하는 기준이 된다.

1억 원을 목표로 하는 영업부와 100억 원을 목표로 하는 영업부의 일하는 방법은 다를 수밖에 없다. 또 고객의 재방문율을 20%로 잡은 부서와 고객의 클레임을 50% 줄이겠다고 생각한 부서 또한 일을 다르게 준비할 것이다.

구성원들이 새로운 지식과 경험을 학습하지 않는다면 쉽게 달성 가능한 목표를 세울 수밖에 없지만, 더 높은 목표를 설정하고 업무의 방향성을 조정할 때 구성원들은 새로운 업무 방식을 시도하고, 새로운 지식과 경험을 학습하는 데 시간을 투자할 것이다.

목표란 회사가 어떻게 생존하고 성장할 것인지에 대한 방향성이다. 그래서 회사의 모든 자원을 목표에 맞춰서 재배치하게 된다. 더 중요한 목표와 조직, 구성원에게 돈, 시간 그리고 에너지를 투입해야 하기 때문이다.

팀과 구성원 또한 마찬가지다. 회사의 목표에 맞춰서 팀과 나에게 기대하는 목표가 있다. 그 목표를 어떻게 달성할 것인가를 결정하는 것이 나와 우리 팀의 일하는 방식이 된다.

만약 내가 중요하게 여기는 과업이 우리 팀과 회사에서 중요하지 않게 평가받고 있다면 결론은 간단하다. 내가 하고 싶은 일을 중요한 일로 만드는 것이다.

그렇게 하지 못한다면 선택지는 세 가지다. 회사에서 기대하는 목표에 도전하거나, 내가 하고 싶은 일을 중요하게 여기는 회사나 팀으로 이직·이동하거나, 싫은 티를 내며 적당히 하는 것이다. 어떤 결정을 하든 이후의 피드백은 내가 감당하면 된다.

●

어떤 팀원에게 중요한 과업을 맡겨야 할까

○

인재 경영의 핵심은 가능성이 있는 인재를 연역적으로 성장시키는 것이다. 즉 이미 역량, 경험, 지식이 준비된 인재가 아닌 아직은 부족하지만 가능성이 있는 인재를 양성하는 것이다.

그래서 중요한 것이 바로 '선발'이다. 경험과 나이뿐만이 아니라 지식도, 역량도, 스킬도, 리더십도 부족한 인재를 찾아서 그들에게 다양한 기회를 줘야 한다. 이때 중요한 것은 학력과 경력이 아니라 태도와 가치관, 마인드셋이다.

두 번째로 중요한 것은 '기회'를 주는 것이다. 그 사람의 수준보다 더 높고, 어려운 기회를 줘야 한다. 여기서 말하는 기회란 역할이 될 수도 있고, 목표가 될 수도 있다. 또는 난이도가 높은 과업이 될 수도 있다.

매년 목표를 수립할 때 가장 중요하고 어려운 일을 어떤 팀원에게 맡겨야 할지 고민하는가? 가장 쉬운 방법은 일을 가장 잘하는 직원에게 맡기는 것이다. 그렇게 하면 가장 좋은 결과가 나올 가능성이 크다.

하지만 중요한 과업을 맡지 못하는 팀원은 성장의 기회를 놓치게 된다. 그렇기 때문에 탁월한 직원보다 아직은 미숙하지만 가능성이 있는 직원에게 기회를 주는 것도 필요하다. 다만 이 경우 오해가 생길 수 있으므로 명확한 선발 기준이 필요하다. 특정한 누군가에게 기회를 주는 것이 아니라 명확한 기준을 바탕으로 선발해야 한다.

그리고 실행 과정에서 고민해야 하는 중요한 포인트가 있다. 미숙한 팀원에게도 기회를 주되, 동료와 팀 그리고 회사와 고객에게 악영향을 주면서까지 오랜 시간 기회를 줄 수 없다는 것이다.

조직에는 목적과 목표가 있다. 조직이 운영되기 위해서는 목적과 목표를 달성해야 한디. 인재를 성장시키기 위해서 잠시 성과와 실적이 줄어들 수는 있지만, 이로 인해 조직과 구성원, 고객에게 오랜 시간 피해를 줄 수는 없는 것이다.

스포츠 구단을 운영할 때도 마찬가지다. 이미 역량을 갖춘 인재보다 미래 가능성을 가지고 있는 인재에게 출전 기회를 부여하는 경우를 보곤 한다. 하지만 그 시간이 3년, 5년이고 지속될 수는 없다. 그 기회를 계속해서 붙잡는 것은 본인의 성장과 태도에 달려 있다. 팀원으로서 기회를 얻었다면 자기 자신을 객관적으로 바라봐야 한다. 다음 질문에 답해보자.

- 성장하기 위해 더 노력하고 있는가?
- 모르는 것을 학습하기 위해 더 묻고, 배우고 있는가?
- 기회를 얻을 만한 사람이라고 동료들이 동의할 만한가?

모든 구성원이 기회를 얻고 성장하고 싶어 할 거라고 생각하는 것은 착각이다. 모든 사람은 자신만의 가치관과 기준이 있다. 그래서 목표와 일을 하는 이유도 저마다 다르다. 리더는 그런 개인들의 목표와 일의 의미를 높여주는 사람일 뿐이다.

목표 수립의
3가지 원칙

목표를 수립할 때 중요한 것은 직장인이라는 정체성을 잊지 말아야 한다는 것이다. 개인 사업을 하는 사람이라면 내가 목표를 정하고 달성하면 된다. 그런데 조직의 구성원이라면 내가 동의하든 동의하지 않든 조직의 목표를 따라야 한다.

목표를 정할 때 하향식(Top Down) 방식을 따를 것인지 상향식(Bottom Up) 방식을 따를 것인가를 많이 물어본다. 결론부터 말하자면 하향식 방식을 먼저 따라야 한다. 상향식 방식이 있는 이유는 리더가 모든 것을 알 수 없기 때문이고, 구성원들이 실무를 하면서 리더와는 다른 관점을 가질 수 있기 때문이다. 하지만 리더의 기대에 부응하고 팀의 목표와 일치하며 고객에게 가치를 제공하기 위해서는 하향식 방식이 조금 더 적합하다.

올해 회사의 목표는 무엇인가? 쉬운 목표인가? 아니면 어려운 목표인가? 하던 대로 하면 되는 목표인가? 새로운 학습과 배움을 통해 변화가 따라와야 하는 목표인가? 이 목표를 달성하면 회사와 구성원들은 지난해보다 더 성장할 수 있을까?

리더는 이런 질문에 대한 답을 찾는 시간을 가져야 한다. 이때 가장 먼저 확인해야 할 것은 '목표가 바르게 설정되었는가?'를 피드백하는 것이다.

●

목표 수립 과정에 원칙이 잘 작동했는가?

○

목표를 수립하는 절차에서 필요한 3가지 원칙이 있다. 제대로 된 목표를 세우려면 먼저 목표 수립 과정에서 이 원칙들이 잘 작동했는지 파악해야 한다.

1. 성과 목표는 '예상하는 결과'가 아니라 '의도적으로 달성하고 싶은 결과'여야 한다

작년까지 달성했었던 목표를 그대로 설정하면 특별한 노력을 하지 않아도 올해 목표는 달성될 수 있다. 하지만, 조금 더 어렵고 새로운 목표가 설정되면 어떻게 될까? 이전과는 다른 실행을 찾을 수밖에 없다. 이전과 같은 실행을 하면 새로운 목표에 도달할 수 없기 때문이다.

그래서 새로운 목표를 수립하고 이를 달성하기 위한 새로운 플랜을 세워야 한다. 이를 위해 목표 수립 시 두 가지를 고려해야 한다.

첫째, 리더가 조직과 구성원들에게 기대하는 이전과는 다른 수준과 행동이 있어야 한다.

둘째, 성과 목표는 조직의 미래 목표를 기준으로 역산해야 한다.

2. 성과 목표는 '하고 싶은 일'이 아닌 '해야만 하는 일'이어야 한다

상향식 목표에 대한 니즈가 많아지고 있는 요즘이다. 나 또한 구성원들의 자율적인 목표 수립을 위한 상향식 목표 수립을 중요하게 여긴다. 하지만 이때 필요한 것은 개인이든 조직이든 관점은 '회사, 고객, 팀'이어야 한다는 것이다. 구성원들이 하고 싶은 일이 조직과 고객에게 기여할 수 있는 가치여야 한다. 그것이 증명될 때 상향식은 가치가 있다.

3. 성과 목표는 '결과'가 아닌 '일하는 과정에 대한 합의'까지이다

올해 성과의 절반은 성과 목표를 어떻게 세팅하느냐에 달려 있다. 세팅은 이전과는 다른 레벨의 목표를 설정하고, 이 목표를 달성하기 위해 꼭 해야 하는 활동들을 역으로 계획하는 것이다. 다음 사항을 고려해보자.

- 이전과는 다른 목표인가?

- 목표를 달성하기 위한 전략은?
- 전략을 실행하는 구체적인 액션 플랜은?
- 각각의 액션 플랜이 목표에 주는 영향은?
- 현재 내 역량에서 할 수 있는 것과 학습이나 지원이 필요한 액션 플랜은?
- 언제쯤 중간 피드백을 하면 진척도를 알 수 있을까?
- 팀장과의 1대1 미팅은 어떤 주기로 하면서 관리할까?

이렇게 하면 지난해와 다른 방식이 나올 수밖에 없다. 이전과 다른 수준의 목표가 설정되었기 때문이다.

●
아마존의 '거꾸로 일하기'
○

아마존에는 '거꾸로 일하기(Working Backward)'라는 일하기 방식이 있다. 사실 이것은 이미 존재하는 경영 방법으로 '역기획' 혹은 '역설계'라는 단어로 많이 사용되고 있다. 미래의 목표를 설정하고 그 목표를 달성하기 위해 현재의 시간 사용과 일하는 방식을 바꾸는 것이다.

올해 조금 더 도전적인 목표를 수립했다고 가정해보자. 이때부터 중요해지는 것이 있다. 그것은 이전과는 다른 방식으로 이 도전적인 목표를 달성해야 한다는 것이다. 도전적인 목표를 수립한 후

이 목표를 어떻게 달성해 나갈 것인지를 계획하는 것이 바로 역설계다.

이때 필요한 것은 '피드백'과 '학습'이다. 과거 일하는 방식을 꽤 구체적으로 피드백하다 보면 잘했던 것과 부족했던 부분을 찾아낼 수 있다. 그리고 그 방법들을 이제 어떻게 재활용할 것인지를 찾게 된다. 또 부족했던 것들은 학습으로 연결하게 된다. 이 과정을 반복하다 보면 어느 순간 조금 더 높은 수준의 목표가 달성되어 가는 모습을 보게 된다.

역설계는 지식이 아니라 '높은 목표, 구체적인 피드백, 학습 + 빠른 실행 + 피드백'으로 연결되는 하나의 과정일 뿐이다. 역설계가 가장 잘 적용된 방식이 애자일(Agile)과 OKR(Objectives and Key Results, 목표와 핵심 결과)이다. 역설계를 통해 어려운 목표에 조금이라도 가까이 다가가기 위해서는 다음 3가지 질문을 해보자.

① 올해 어떤 도전적인 목표를 세웠는가? (어려운 목표, 새로운 목표)

② 그 목표를 달성하기 위해 구체적으로 피드백을 통해 알게 된 것은 무엇인가? (처음으로 도전하는 방식, 이전 하던 방식 중에 그만해야 하는 것, 이전의 방식 중에 개선할 방식)

③ 이제 이전과 다른 어떤 실행 계획과 학습 계획을 세웠는가? (새로운 방식으로 일을 하기 위해 무엇을 배우고, 어떤 방법으로 학습해야 하는가?)

이미 좋은 성과가 나와서 그대로 하거나, 여유가 없어서 이전 방식을 고수해도 괜찮은 시대는 지났다. 지금은 누구라도 빠르게 정보와 지식을 습득해서 도전할 수 있어야 생존하는 시대다. 하던 대로가 아니라, 하지 않았던 방식을 배우고 학습하며 도전해야 하는 시대다. 구성원과 조직의 미래는 '어떤 목표를 설정했는지, 그 목표를 어떻게 달성하려고 하는지'를 보면 알 수 있다.

●

목표를 수립할 때 핵심은 '타인'

○

연말 성과 평가의 시즌이 끝나고 연초 성과 목표를 정하는 시간이 찾아온다. 올해 내 시간을 어디에, 얼마나, 어느 정도의 밀도로 사용할 것인지를 정하는 시간이다. 나는 1년 농사의 절반은 내가 어떤 목표를 잡느냐에 따라 달라진다고 믿는다. 그래서 매년 12월 말에는 한 해를 피드백하고 다음 해 목표를 이전보다 더 어렵고 새롭게 설정한다. 물론 계획대로 모든 것이 이루어지는 것은 아니지만 말이다.

성과 목표를 잡을 때 핵심 중 하나는 '타인'을 중심적으로 목표를 잡아야 한다는 것이다. 직장인에게 타인이란 고객, 회사, 팀 그리고 리더다. 고객의 불편과 불만, 회사의 목표와 팀의 목표, 그리고 리더가 가장 중요하게 여기는 과업과 숫자를 확인하고 내 목표를 그것과 얼라인시킨다. 이것을 '타인 중심적 목표 설정'이라고 부른다.

내가 하고 싶은 것도 중요하지만, 내가 하고 싶은 것들이 조직과 리더에게 전혀 도움이 되지 않는다면 조직에서 내 시간을 사용하도록 두지는 않을 것이다. 반대로 내가 하는 일이 고객과 회사, 팀과 리더에게 긍정적 영향을 끼치는 과업이 된다면 리더의 시간과 팀의 리소스까지 나에게 쏟을 수 있게 된다. 이때 내 과업이 더 중요해지고 내가 조직에 영향력을 갖게 된다.

정말 내가 하고 싶은 것이 있다면? 그렇다면 그 과업이 조직의 목표가 될 수 있도록 만드는 수밖에 없다. 과정과 결과에 대한 가설을 세워보고 그 결과들이 조직에 어떤 영향을 주는지를 설득하자. 그래도 잘 안 된다면 그 일을 '사이드 프로젝트'로 하거나 그 과업을 중요하게 여기는 조직으로 이동해야 한다. 그것도 안 되면 독립해서 내가 직접 해야 한다.

여기에 덧붙여 동료에게 영향을 줄 수 있는 작은 행동들을 나만의 목표에 추가해 보면 좋겠다. '올해 안에 글을 한번 써보자'라고 생각하는 사람과 '올해 하루 한 편의 글을 쓰자'라고 생각하는 사람은 몰입감이 달라진다. 또 '내 경험을 기록하자'라고 생각하는 사람과 '다른 사람들의 성장에 도움이 될 만한 정보를 공유하자'라고 생각하는 사람의 영향력도 달라질 것이다.

따라서 '타인 중심적 목표'를 한번 설정해보면 좋겠다. 내가 할 수 있는 만큼만 말이다.

목표 설정과
역설계

성과 관리를 계획(Plan) – 실행(Do) – 평가(See)로 하는 경우가 많다. 이 프로세스를 조금 구체화하면 '평가·피드백 – 프리뷰 – 상시 성과 관리'의 3단계로 나눌 수 있다. 이런 성과 관리 단계는 긴밀하게 서로 연결되어 있어서 하나라도 빠지면 안 된다. 이 3단계에 대해 더 자세히 살펴보자.

1단계: 평가와 피드백

먼저 지난해 구성원과 팀이 어떤 목표에 도전했는지, 그 결과물은 무엇인지를 판단한다. 그러고 나서 평가의 가장 중요한 부분인 결과물을 팀과 조직의 성과에 기여한 나의 영향력과 함께 정리한다. 예를 들어 잘했다고 생각하는 일하는 방식과 이를 위해 학습했던 방법은 무엇인지, 반대로 개선이 필요하다고 여겨진 부분과 아쉬웠던 부분은 무엇인지, 하기로 했었는데 실행하지 못한 것은 무엇인지 그 원인을 찾아서 정리한다. 이 단계에서 사용할 수 있는 질문은 AAR(After Action Review)이다.

2단계: 프리뷰

많은 직장인이 '목표 수립'이라고 생각하는 단계다. 프리뷰와 목표 수립의 차이는 하나다. 목표 수립은 단순하게 조직의 목표와 개인의 목표를 얼라인, 즉 서로의 KPI와 GOAL 설정에 집중하는 반면에 프리뷰는 이 목표를 어떻게 달성할 것인지 가설을 세우는 단계까지 포함된다는 것이다. 이때 고민해야 할 질문이 AAP(After Action Plan)다.

3단계: 상시 성과 관리

일반적으로 기업에서는 연초에 목표를 수립하고 평가 시즌이 되어서야 목표와 결과값을 비교하며 달성률로 평가한다. 물론 수시로 과업에 대한 이야기를 나누지만, 성과와 관련된 대화를 나누지는 않는다. 그러다 보니 구성원들은 1년 동안의 결과와 피드백을 단 한 번의 미팅으로 평가받게 된다. 과연 팀원들은 이 평가에 동의할 수 있을까?

상시 성과 관리에서 필요한 것은 바로 미팅 주기와 주제를 합의하는 것이다. 예를 들어, 1분기에는 팀원 A, B의 과업이 중요하고 처음 도전해보는 목표라고 해보자. 그러면 팀장은 매주 월요일, 금요일에 30분씩 미팅을 하며 과업을 관리하는 대화를 한다. 팀원 C의 1분기 과업은 이미 지난해에도 해 왔던 것과 비슷한 레벨이기 때문에 2주에 한 번 정도 진척도 공유만 하는 30분 1대1 미팅을 잡는다.

또 상시 성과 관리의 목적은 결과를 평가하는 것이 아니라 팀원이 일하는 과정에서 잘하고 있는 부분을 찾아서 인정과 칭찬으로 동기부여하는 것이다. 개선이 필요하거나 학습이 필요한 고민과 장애물들을 리더의 티칭, 컨설팅, 멘토링 또는 상담으로 해결하자는 것이다. 쉽게 말해 팀원이 자신의 과업과 목표를 조금 더 잘 달성할 수 있도록 다양한 방식의 서포트가 필요하다.

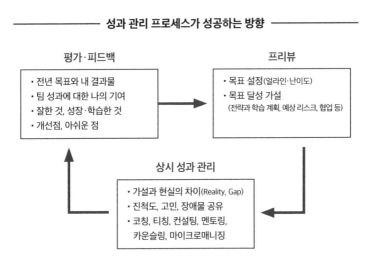

──── **성과 관리 프로세스가 성공하는 방향** ────

평가·피드백
- 전년 목표와 내 결과물
- 팀 성과에 대한 나의 기여
- 잘한 것, 성장·학습한 것
- 개선점, 아쉬운 점

프리뷰
- 목표 설정(얼라인·난이도)
- 목표 달성 가설
  (전략과 학습 계획, 예상 리스크, 협업 등)

상시 성과 관리
- 가설과 현실의 차이(Reality, Gap)
- 진척도, 고민, 장애물 공유
- 코칭, 티칭, 컨설팅, 멘토링,
  카운슬링, 마이크로매니징

프리뷰 1단계: 목표 얼라인

○

성과 관리에서 가장 중요한 영역은 평가가 아닌, 목표 수립이다. 목표 수립의 핵심은 '조직과 개인의 목표를 얼라인'하는 것이다. 이유는 간단한다. 목표가 무엇이냐에 따라 구성원들은 자신의 시간을 다르게 사용하기 때문이다. 즉, '구성원들이 무엇에 시간을 사용하고, 어떻게 일하도록 만들 것인가?'에 대한 답은 그 구성원의 올해 목표가 무엇이냐에 따라 달라진다는 의미다.

만약 이전에는 한 번도 경험해보지 않았던 과업을 맡게 되거나, 생각보다 더 어려운 과업을 맡게 되면 시간을 어떻게 사용할까? 꽤 많은 시간을 공부하고 배우는 데 시간을 사용할 수밖에 없다. 외부 전문가를 찾아서 배우고, 책이나 자료들을 찾아봐야 한다. 선배나 동료들에게 더 많이 물어보며 내가 가지지 못한 지식과 경험을 채워야 한다. 목표를 달성하기 위해 내가 모르는 것이 너무 많기 때문이다.

반대로 내가 이미 계속해서 해왔던 목표와 과업을 그대로 맡았다면 "나는 올해 새로운 것을 배우지 않고 편하게 일할 거예요"라는 메시지와 같다.

어느 기업에서 10명의 팀원과 함께 일하는 팀장이 연초 목표 수립을 할 때 이렇게 말했다.

"팀원들의 성장을 위해 서로의 과업을 교차해서 맡아보게 하려고 해요."

그러자 팀원들의 반응은 셋으로 나뉘었다. '나는 ○○ 과업 해보고 싶다'라고 말한 사람, '하라는 대로 하겠다'고 말한 사람 그리고 '나는 지금 하는 과업을 계속하고 싶다. 새로운 과업을 맡고 싶지 않다'고 말한 사람. 한두 번은 괜찮겠지만 만약 이런 생각과 행동이 반복된다면 이 팀원들은 앞으로 성장의 모습이 어떻게 달라질까?

목표의 얼라인을 고민할 때 중요한 것은 나의 목표가 나에 대한 리더와 회사의 기대가 된다는 점이다. 리더는 누구에게 가장 중요한 일을 맡기게 될까? 일을 잘하는 사람이거나 가장 배우며 노력하려고 하는 사람이다. 그리고 두 유형의 사람들이 조직에서 가장 귀하게 여기는 사람들이 된다.

직장인에게 가장 중요한 것은 '가치 있는 일'을 하는 것이다. 모든 일은 그만의 가치를 가지고 있지만, 조직에서의 가치는 '조직에 가장 큰 영향을 준 결과'일 수밖에 없다. 그래서 내 일의 가치는 내가 판단하는 것이 아니라, 조직이 판단할 수밖에 없다.

대부분 조직의 1차 평가자는 팀장이다. 상위 리더인 본부장과 부문장 등이 2차 평가자가 되고, 마지막으로 CEO와 그를 보좌하는 HR이 평가자 역할을 하게 된다.

내 시간을 가치 있는 일에 사용하는 방법은 '조직의 목표와 얼라인된 목표를 설정'하는 것이다. 즉 내가 하는 일이 좋은 결과로 연결될 때 조직의 목표에도 좋은 결과를 가져다주는 목표여야 한다. 이를 위해 네 가지 관점으로 수립한 목표를 점검해야 한다.

1. 목표는 우연히 얻은 것이 아니라 '의도적인 결과'인가?

회사와 팀의 목표가 얼라인되듯 개인의 목표는 팀의 목표와 연결되어 있어야 한다. 즉 내 결과가 좋아지면 팀의 어떤 목표가 달라지는지 영향력을 설명할 수 있어야 한다. 그래서 개인의 목표를 수립할 때 "팀의 ○○○ 목표를 달성하기 위해 올해 ○○○이라는 개인 목표를 수립했다"라고 설명할 수 있어야 한다.

예를 들어 '영업이익률 5%에서 10%로 성장'이라는 팀의 목표가 있다고 가정해보자. A는 '아웃렛 매장 20개 오픈을 통해 매출 20억 달성', B는 '정상 판매율 20% 성장을 통한 매출 15억, 영업이익 3억 개선'이라는 목표를 잡았다면 누가 더 팀의 목표에 얼라인되어 있을까? 바로 B다.

A가 더 높은 수준의 매출인 20억에 도전하는데 왜 그럴까? 아웃렛은 일반적으로 이익률이 낮은 세일 상품을 판매하는 채널이기에 매출에는 도움이 되지만 이익에는 도움이 되지 않을 가능성이 높기 때문이다. 반면 B는 매출은 낮지만 영업이익률을 높일 수 있는 방향으로 목표를 잡았다. 그래서 B의 목표는 팀의 목표에 더 기여할 수 있다.

2. 과제가 아닌 '과제 수행의 결과물' 관점으로 기록되어 있는가?

일반적으로 목표를 잡을 때 자주 하는 실수가 과제와 활동 중심으로 목표를 잡는다는 것이다. 프로젝트 수행, ○○○ 과정 진행 완료, △△ 데이터 분석 등으로 목표를 수립할 경우 그 과제가 팀의 어떤 결과물에 영향을 줄 수 있는지를 알 수 없다.

동일한 목표를 '신규 계약 20건/매출 20억', '리더십 과정 자율 참석률 95%'로 수정하면 어떻게 될까? 프로젝트 수행이 잘되었다면 진행 과정 중 신규 계약 20건과 매출 창출 20억 정도를 할 수 있을 것이다.

단순히 과제 수행을 목표로 잡으면 그 과제가 끝나고 나서 "수고했다, 고생했다"라는 말 외에는 할 수 있는 대화가 없고, 피드백 자체가 무의미해진다. 대신 신규 계약 20건과 매출 창출 20억이라는 결과물이 포함되는 순간, 조금 다른 관점에서 프로젝트를 수행하게 된다. 고객사를 분석해서 그들의 필요에 맞춰서 프로젝트를 수행해야 한다. 또 그 과정에서 얻은 결과물을 평가, 피드백하며 프로젝트를 잘했는지 못했는지, 이후로 어떤 변화를 줘야 하는지를 알 수 있게 된다.

3. 행동과 활동이 아닌 '결과물과 영향'의 관점으로 정리되어 있는가?

과제 수행을 조금 작게 쪼개면 행동과 활동이 된다. '리더십 과정 10회 진행, 300명 리더 참석'이라는 활동과 과제 수행 결과물의 목표를 어떻게 영향으로까지 연결할 수 있을까?

'리더십 과정 10회 진행을 통해 300명 참석 및 리더십 다면평가 점수 10% Up'이라고 보면 어떨까? 리더십 과정을 진행하는 목적이 바로 리더의 성장을 돕기 위함인데, 리더가 성장했다는 것을 증명하는 방법으로 다면평가 점수를 대입하는 것이다. 활동과 결과물만으로 목표를 수립하기보다는 그 활동이 끼칠 영향으로까지 연결해보자. 그러면 조금 더 가치 있는 일이 될 수 있다.

4. 하향식과 상향식의 조화가 있는가?

팀원에게 주도권을 주기 위해 목표를 개인에게 맡겨버리는 것을 나는 방임이라고 생각한다. 탁월한 팀원은 조직의 목표를 생각하며 자신의 목표를 설정할 수 있다. 하지만 그것을 넘어 개인의 역량보다 더 어렵고 새로운 목표를 수립해야 팀과 개인의 성장에 기여할 수 있는 목표가 된다.

앞의 세 가지를 모두 반영할 수 있는 사람은 그리 많지 않을 것이다. 모든 사람은 내가 알고 있는 것 외의 영역을 생각할 수 없기 때문이다. 그래서 나는 리더가 팀원에게 기대하는 목표를 먼저 제안하는 것이 좋다고 생각한다. 동시에 팀원이 자신이 하고 싶은 일을 제안하는 것도 좋다. 바로 이것이 상향식과 하향식의 목표 수립이 연결되는 지점이다. 대신 목표를 수립할 때는 리더의 하향식에 조금 더 가중치를 주고, 그 목표를 실행하는 방법에 대해서는 팀원의 상향식에 조금 더 가중치를 주면 어떨까! 목표는 리더가, 그 목표를 달성하는 방법은 팀원이 조금 더 주도권을 가져가는 것이다.

목표 수립에 정답은 없다. 하지만 개인의 목표가 조직의 목표와 얼라인되어야 한다는 점은 명확하다. 팀원이 무슨 일을 하든, 그 일이 잘되면 팀의 목표에도 긍정적 영향을 줄 수 있기 때문이다.

팀원 개인의 목표는 곧 리더가 팀원에게 거는 기대다. 그리고 그 기대가 팀원의 1년 시간을 어떻게 사용할지 결정한다. 팀원 입장에선 내가 잘할 수 있는 일, 내가 좋아하는 일을 하는 게 중요할 수 있다. 그래야 내가 더 칭찬을 받을 수 있으니까. 하지만 내가 잘하는 일은 이미 내가 익숙하게 할 수 있는 일이라는 것을 잊으면 안 된다. 익숙한 방식으로 반복해서 일할 때 성장은 멈춘다.

●

프리뷰 2단계: 목표 달성을 위한 가설 설정

○

목표 수립에 시간이 많이 투입되는 이유는 피드백의 한 방식인 AAP 때문이다. AAP는 하나의 목표를 달성하기 위해 가설을 설정하는 5가지 세션으로 이루어져 있다. AAP를 프리뷰 단계에서 기록하는 이유가 있다. 그것은 목표를 액자 안에 넣어두지 않고, 현실 세계로 끌고 오기 위해서다.

일반적인 기업에서 목표를 크게 잡는 이유 중 하나로 '있어 보이고 싶은 욕구'가 있다. 이런 목표를 '액자형 목표'라고 부른다. 액자에 고이 모셔두고 연말에 한 번 꺼내보는 목표라는 뜻이다.

액자형 목표는 구성원들의 행동을 이끌어내지 못한다. 그래서 목표 수립과 함께 수립한 목표를 어떻게 달성하고자 하는지에 대한 조금 구체적인 가설을 설정하는 것이 중요하다. AAP 시스템은 다음과 같이 진행된다.

① 팀장은 팀의 목표를 팀원들과 공유한다.

② 팀원들이 개인별 목표를 수립할 수 있도록 AAP 질문을 공유한다.

③ 팀원들이 기록한 AAP 결과물을 1대1 미팅을 통해 검증 및 수정한다.

④ 팀원 모두가 모여 서로의 AAP를 공유하는 시간을 갖는 것으로 마무리한다.

이제 APP 5가지 질문으로 프리뷰를 기록해보자.

1. 얻고자 하는 것은 무엇인가?

얻고자 하는 부분은 크게 두 가지로 구성할 수 있다.

하나는 먼저 팀의 목표를 위해 팀장이 생각하는 팀원의 과업과 개인 목표를 하향식으로 지정해주는 것이다. 이때 중요한 것은 이유와 의미다. 팀원이 이 과업을 해야 하는 이유, 즉 이 과업을 통해 팀원은 어떤 성장과 성공을 경험할 수 있는지를 공유하고, 팀의 목표와 팀원의 과업이 어떻게 얼라인되어 있는지를 알려줘야 한다.

또 다른 하나는 팀원이 생각하는 상향식 목표다. 이때는 팀상이 "그 목표가 팀의 목표에 어떻게 기여한다고 생각해요?"라는 질문으로 팀원이 그 목표를 진행하고자 하는 이유와 의미를 찾을 수 있다.

2. 현재의 모습은 어떤가?

목표와 현재 모습의 차이를 구분하는 단계다. 만약 이번 목표가 매출 100억이라면 지난해 매출이 얼마였는지를 확인하는 것이다. 이때 중요한 것은 목표를 세분화하는 것이다. 매출이 100억이라도 지난해와 같은 제품과 신규 제품을 통한 매출이 있을 수 있고, 지역적으로도 한국이 아닌 해외 진출을 통해서 매출을 끌어올릴 수도 있기 때문이다.

그래서 현재의 모습을 찾기 위해서 중요한 것은 바로 지난해 또는 현재 시점에서의 목표와 일하는 방식, 자원과의 차이를 찾는 것이다. 하나 더 팁을 주자면, 현재의 모습은 지난 시즌 평가 피드백을 구체적으로 진행하면 꽤 자세히 정리할 수 있다는 것이다. 이는 AAR에서 더 자세히 다루도록 하겠다. 핵심은 목표와 현재의 차이를 구분하는 것이고, 이때 좋았던 점과 부족한 부분을 함께 찾는 것이다.

3. 최적의 대안은 무엇인가?

간단히 말하면 목표와 현재의 차이를 어떻게 채울지 찾는 것이다. 가장 좋은 하나의 대안을 찾는 것이 아니라, 최대한 많은 대안을 찾는 것이 중요하다.

최적의 대안을 찾으려고 하면 '안 되는 이유'부터 생각하는 사람이 많은데, 그러면 실제 찾은 대안이 적을 수밖에 없다. 그래서 이 단계에서는 최대한 많은 대안을 찾고 그중에서 우선순위를 정하는 것이 필요하다.

4. 해야 할 행동은 무엇인가?

AAP의 핵심은 목표를 어떻게 달성할 것인가를 찾는 것이고, 이전과는 다른 방식으로 문제를 해결하고자 하는 것이다. 즉 목표를 달성하기 위해 과거 잘했던, 좋았던 방식은 유지하고, 아쉽고 부족했던 방법 중에 이제부터 하지 말아야 할 행동을 찾고, 마지막으로 목표와 현재값의 차이만큼 개선할 수 있는 새로운 방식을 도입하는 것이다. 이 단계에서 중요한 것은 두 가지다. 한 가지는 즉각적으로 실행 가능한 방법과 꼭 해야 하는 중요한 방법을 정하는 것이다. 다른 하나는 팀원이 혼자서 할 수 있는 일과 리더나 동료가 도움을 줘야 하는 과업을 구분하는 것이다.

5. 피드백 방법은 무엇인가?

목표와 피드백 방법 사이에는 차이가 있다. 목표는 선행지표이고 피드백은 후행지표다. 후행지표는 결과이고, 선행지표는 후행지표에 영향을 주는 CSF(Critical Success Factor)를 의미한다. 따라서 'CSF가 잘 작동한다면 목표인 결과도 좋을 것'이라는 전제하에 어떤 CSF를 누구와 어떻게 중간 피드백할 것인지 합의한다.

AAP를 어떻게 기록할 것인가?

○

──────────── AAP 질문 예시 ────────────

년 월 일. 작성자 :

얻고자 하는 것은? (목표)	• 올해 팀의 목표는 XXX입니다. ○○님이 □□에 대해서 집중하면 좋겠습니다. (Top Down) • 올해 ○○님이 도전하고 싶은 목표는 무엇인가요? 팀에 어떤 기여가 될 거라 생각하나요? (Bottom Up)
현재의 모습은? (지난 성과 평가·피드백 반영 현재 상황·문제 인식, 리소스 확인)	• 이전 목표, 성과와 어떤 차이가 있나요? • 목표를 달성하기 위해 ○○님이 잘할 수 있는 것은 무엇인가요? • 과정에서 우려되는 장애물은? 혼자 또는 함께 해결해야 할 이슈는 무엇인가요?
최적의 대안은 무엇인가? (다양한 대안 + 우선순위)	• ○○님이 실행할 수 있는 모든 대안을 공유해 주세요. (장애물이 없다는 전제) • 리더가 생각하는 대안은 XXX가 있어요. (이전 전략, 새로운 전략 등 모두 공유) • 모든 대안 중에 우선순위 대안을 3가지 내외로 정리해보세요. (내가 실행 가능한 대안과 리소스를 고려하지 않은 가장 효과가 큰 대안)
해야 할 행동은 무엇인가? (유지·추가·수정 할 것)	• 구체적인 실행 계획을 세우고, 리더와 동료의 도움이 필요한 부분을 기록해보세요. (월 / 분기 단위 혼자 하기 또는 동료와 함께 협업하기, 성과 내는 데 필요한 리소스 지원 요청 및 합의) • 정리한 Action과 예상 결과들을 어떻게 하면 잘 실행할 수 있을까요? (누가 할 것인가(Who)? / 언제까지 할 것인가(When)? / 동기부여와 의지는(Will)?)
피드백 방법은 무엇인가? (과정·결과의 피드백)	• 실행 과정에서 잘하고 있는지를 판단할 수 있는 기준을 정해보세요. (과정 분석, 중간 피드백, CSF 등) • 결과와 과정을 통해서 얻을 수 있는 예상 지식, 경험, BP는 무엇인가요? (다른 동료들에게 어떤 도움이 될까? 어떻게 공유할 수 있을까? 어떻게 확산을 할까?)

AAP는 이미 하고 있던 일, 또는 새롭게 시작할 일을 조금 더 잘할 수 있는 방법을 찾도록 도와주는 도구다. 나도 AAP를 통해 내 활동의 분기점을 자주 접하고는 한다.

내가 세운 목표 중에 하나는 바로 뉴스레터를 발행하는 것이다. 돈을 벌기 위한 게 아니라 매주 내 공부를 기록하고 공유하려고 만든 취미였다. 2023년 12월 31일 기준으로 4,610명이 구독 중인데 2024년 목표는 1만 명의 구독자와 뉴스레터를 공유하는 것이었다. 이를 위해 연초에 간단한 AAP를 설계해봤다. 그리고 2개월이 지난 시점에 약 14%의 구독자가 증가했다. 꽤 빠른 편으로, 이전까지 매주 28명 정도의 신규 구독자가 있었다면 2024년 1~2월에는 매주 평균 71명의 신규 구독자가 있었다. 이런 성과를 얻은 이유는 두 가지 액션을 취했기 때문이다.

먼저 뉴스레터 어젠다를 내가 쓰고 싶었던 내용 중에서 비즈니스 프로세스에 맞춰 현재 HR과 리더들이 가장 고민하는 주제로 바꿨다. 즉 나 혼자만의 뉴스레터에서 구독자들이 현재 필요로 하는 주제를 기록하는 뉴스레터로 작은 변화를 주었다.

다른 하나는 홍보다. 나는 매일 글을 쓰고, 사람들을 만나서 대화하고, 논문과 영상, 책을 읽으며 공부하는 습관이 있었으며, 뉴스레터는 단지 조금 더 긴 글로 기록하고 공유하는 수준에서 활용 중이었다. 그래서 홍보를 생각해본 적이 없었다.

그런데 내 뉴스레터를 통해 도움이 되었다고 전해 오는 사람들이 있었다. 심지어 몇몇 회사에서는 내 뉴스레터를 재가공해서 직

2024년 1월 1일, 작성자 : 백종화

얻고자 하는 것은? (목표)	뉴스레터를 통해 구독자 수 1만 명(2024.12.31)에게 긍정적 영향을 준다. (117% Up)
현재의 모습은? (지난 성과 평가·피드백 반영 현재 상황·문제 인식, 리소 스 확인)	• 2023년 12월 31일 시점 4,610명 (매주 28명 신규 가입, 0.9명 이탈) → 매주 104명의 신규 구독자 가입 시 1만 명 가능 • 2023년 12월 누적 170회 차 뉴스레터 발행, 평균 오픈율 25% / 평 균 구독수 1,450명(구독 수가 높은 이유는 비 구독자가 읽기 때문) • 주요 어젠다 선정 방법은 '내가 궁금해하는 부분'을 정리 - 독자 관점 보다는 작성자 관점으로 기록 • 수익과 외부 노출보다는 꾸준하게 기록하고 공유하는 것에만 초점 (홍보 등에는 무관심)
최적의 대안은 무엇인가? (다양한 대안 + 우선순위)	최적의 대안 핵심은 '매주 104명의 신규 구독자를 끌어 올리는 방법' ① 어젠다 선정 시 비즈니스 일정에 맞는 주제 선정하기 ② 외부 노출 확대 (주요 HR 플랫폼) ③ 강의·코칭 등 함께 만나는 사람들과 공유 ④ 뉴스레터 자체 이벤트 ⑤ 뉴스레터 수익화 구조 만들기
해야 할 행동은 무엇인가? (유지·추가·수정할 것)	① Start - 어젠다 선정 시 비즈니스 일정에 맞는 주제 선정하기 (예: 1월 목표 수립 / 신임 팀장, 3월 커리어, 6월 중간 피드백, 12월 평가·피 드백 등) ② Start - 외부 노출 확대(주요 HR 플랫폼 공유 : 원티드, 일일일 데일리 브리 핑, 외부 리더십 아티클 연재 프로필 등)를 위한 키맨 소통하기 ③ Continue - 강의 프로필, 책 표지에 뉴스레터 구독 QR 코드 삽입 해 홍보하기 ④ Start - 뉴스레터 공유 이벤트 진행(상반기 / 하반기 각 1회, 뉴스레터 광고 협찬 기준 정하기, 에디터에게 커피 쿠폰 보내며 홍보하기 등) ⑤ Stop - 외부 홍보 안 하기, 계획에 없는 어젠다 선정(50% 이하로 줄이 기), 나만의 기록용 뉴스레터에 머무르지 않기
피드백 방법은 무엇인가? (과정·결과의 피드백)	① 외부 노출 수 : 주 1회 이상 (연 60회) ② 연간 어젠다 플랜 30% 준비하기 ③ 구독자 중 10명 이상의 신규 구독자를 모집해준 VIP 구독자 100명 만들기 (상반기 30명, 하반기 70명) ④ 매주 커피 쿠폰 1개 받기, 분기별 1회 이상 뉴스레터에 외부 광고 매출 올리기

원들에게 보내준다고도 했다. 내 뉴스레터가 누군가의 성장을 도울 수 있다는 것을 깨달으면서 이왕 하는 거 조금 더 많은 사람에게 좋은 영향을 주고 싶다는 생각이 들었다. 그래서 아직 내 뉴스레터를 모르는 사람에게 적극적으로 알리기 시작했다.

내가 뉴스레터를 시작하고 성공하기 위해 어떻게 AAP를 활용했는지 공유해봤다. 일하는 방식이 바뀌면 행동이 바뀐다. 만약 내 목표가 5개라면 5개의 AAP가 있어야 하고, 5개의 AAR도 있어야 한다. 중요한 과업이라면 더 많은 시간을 AAP에 쏟아야 한다. 1쪽이 아니라 10쪽, 20쪽이 될 수도 있다. 중요한 것은 몇 쪽을 만드느냐가 아니라, AAP를 통해 일하는 방식을 정하고 이전과는 다른 방식으로 실행하는 것이다.

●

평가·피드백을 위한 AAR 대화

○

이번에는 AAR에 대해 알아보자. 왜 AAR을 해야 하는가? AAR이 바로 피드백 도구이기 때문이다. AAR을 잘 사용하면 조직 관점에서 목표를 얼라인할 수 있다. 또한 AAR은 조직과 개인의 성장을 위해 끊임없는 학습과 배움, 그를 통한 변화와 성장을 도와주는 도구가 되기도 한다. 구성원 개인의 관점에서는 AAR이 내가 어떻게 일했는지를 증명해주는 기록이 된다.

그럼 AAR 피드백은 언제 하는 게 좋을까? 두 가지를 제안하고 싶다. 성과 평가 피드백을 위해 평가 시즌에 진행하는 것이 첫 번째이고, 수시로 인사이트를 발견했을 때 한 줄, 주요 목표나 중요 프로젝트가 끝났을 때 한 줄, 이처럼 평소에 기록하는 것이 두 번째다.

AAR 피드백에서 중요한 것은 '목표를 달성했는가'가 아니다. 팀과 내가 잘한 것뿐만 아니라, 내게 부족한 것과 내가 몰랐던 것이 무엇이었는지를 찾고 공유하는 것이 중요하다.

이때 부족한 것을 기록하고 노출하기 때문에 부끄럽기도 하다. 그러나 자주 반복하다 보면 어느 순간 자기 자신에게서, 그리고 리더에게서 피드백을 받는 것에 익숙해지게 된다.

누가 성장할까? 공부를 많이 하는 사람? 더 똑똑한 사람? 일을 잘하는 사람? 그런데 상대적인 성장이 아닌, 나의 일반적인 성장 속도보다 더 빠르게 성장하는 사람들이 있다. 그건 바로 자신의 일하는 방식에 대해 잘 아는 사람들이다. 내가 잘하는 것과 부족하고 개선이 필요한 방법을 인지하고 실행으로 옮기는 사람들, 즉 '일에서의 메타인지'를 가지고 있는 사람들이다.

AAR은 그것을 도와주는 도구이자 질문일 뿐이다. AAR의 핵심은 바로 실행으로 연결된다는 것이다. 피드백 또한 학습의 하나이고, 이 과정에서 더 나은 결과를 위해 적용할 것을 찾는 것이 핵심이다. 방법은 AAP와 비슷하다.

① 팀원들이 개인별 목표에 대해 AAR 질문에 맞춰 생각을 정리한다.

② 팀장과 팀원이 기록한 결과물을 1대1 미팅을 통해 검증 및 수정한다 (팀장의 관점 반영).

③ 팀원 모두가 모여 서로의 AAR을 공유하는 시간을 갖는 것으로 마무리한다.

작성 방법은 다음과 같다.

1. 얻고자 한 것은 무엇인가?

목표를 다시 정리해보는 시간이다. 일반적으로 AAR을 하게 되면 목표는 사라지고, 자신이 해왔던 일 중에 자랑하고 싶은 부분만을 노출하는 경우가 많다. 하지만 우리가 목표를 수립한 이유는 상위 조직과의 얼라인 때문이다. 내 목표가 달성되면 팀과 회사의 목표가 달성된다는 가정이다. 그래서 피드백의 핵심은 바로 '내 과업의 목표가 무엇이었는가?'에서 시작된다. 만약 과업을 수행하며 조직의 목표가 수정되었거나 외부 환경의 변화로 인해 개인의 목표가 수정되었다면 처음 계획했던 목표를 지우는 것이 아니라, 새로 수정된 목표를 그 아래에 기록해서 목표의 수정된 히스토리를 남기는 것이 좋다. 목표가 수정되는 경우의 대부분은 개인이 아닌, 조직의 필요에 의해서이기 때문이다.

6개월이 지나고 나서 갑자기 조직의 필요에 따라 목표가 수정될 경우 팀원에게는 남은 6개월의 성과로 평가를 받게 되는 불이익이 생길 수 있다. 그런데 이렇게 목표의 수정 히스토리를 남겨

두면 새로운 목표가 생기더라도 이전의 목표도 함께 결과를 피드백하며 최소한의 평가를 받을 수 있게 된다.

2. 얻은 것은 무엇인가?

현재 달성한 결과가 얼마인지를 기록해본다. 만약 매출이 100억이었다면 피드백 시점의 결과를 80억, 120억으로 정리해볼 수 있다. 이때 중요한 것은 3가지다.

첫째, 목표를 세분화해서 기록하자. AAP에서도 이야기했듯이 목표는 가능한 한 세분화하는 것이 좋다. 이유는 행동이나 활동과 연결하기 위해서다. 목표를 기존 제품 50억, 신규 제품 50억으로 잡았다면 각각의 결과가 얼마인지를 기록하는 것이다(예: 기존 제품 40억, 신규 제품 60억). 이렇게 하면 기존 제품에서 매출을 끌어올리지 못한 원인을 찾을 수 있다. 또 신규 제품에서 목표보다 더 높은 성과가 나온 원인을 찾으면서 개선하며 더 잘할 방법을 함께 찾아낼 수 있다.

둘째, 기존에 계획했던 목표와 다르게 예기치 않은 성공과 실패를 구분하자. 만약 신규 제품을 국내에서만 판매하려던 계획이 수정되어 외국 바이어와 갑자기 계약하게 되었다면 이는 예상하지 않았던 결과가 된다.

예상하지 않았던 결과를 구분해야 하는 이유는 이 결과를 차후 목표에 반영하기 위해서다. 예상하지 못했던 것을 계획으로 반영하면 이후 더 높은 목표에 도전할 수 있기 때문이다. 이 같은 상황에서는 이후 해외 매출이라는 새로운 목표가 생길 수 있고, 이를 통해 일하는 방식이 더 다양하게 변화할 수 있다.

셋째, 기존에 하기로 했던 것 중 하지 못한 것을 기록하자. 이유는 두 가지다. 진짜 중요한 일이라면 이후에라도 하기 위해서이고, 더 중요한 목표와 과업이 생긴 것이라면 대체한 목표를 관리하기 위해서다.

3. 목표와 결과의 차이는 무엇이고, 그 원인은 무엇인가?

목표와 결과를 비교하게 되면 플러스 또는 마이너스 결과가 생길 수밖에 없다. 각각의 차이별로 외부 원인과 내부 원인으로 구분해서 좋은 결과 또는 좋지 않은 결과가 나온 이유를 찾아야 한다.

가장 좋은 방법은 데이터를 통해 방법을 찾거나, 담당자 이외에 다양한 사람들의 생각을 듣는 것이다. 이 과정에서 좋았던 점과 개선이 필요한 점을 구분해 보는 것이 필요하다. 특히 좋은 결과가 있었다 하더라도 개선이 필요한 부분이 있어야 하고, 나쁜 결과에 대해서도 좋았던 점을 찾아야 한다.

이때 3가지 규칙이 있다. 이는 AAR의 5가지 질문 중 가장 중요한 부분이기 때문에 이 규칙에 따라 긍정적, 부정적 원인을 찾아보자.

첫째, 태도가 아닌 행동에 집중한다. AAR의 목적은 일하는 방식의 변화다. 이때 배제해야 할 부분은 태도다. 태도에는 감정, 노력, 수고가 포함된다. '내가 5일 동안 야근을 했다', '노력이 부족했다'와 같이 태도적인 이슈로 접근하면 이는 더 나은 대안을 찾기보다는 감정적 싸움을 하게 될 수밖에 없다.

5일 동안 야근을 한 것보다는 5일 동안 데이터 분석이 되지 않은 이유에 집중해야 하고, '노력이 부족했다'보다는 새로운 스킬을 배우지 못했던 이유를 찾는 것이 맞다.

둘째, 외부 원인과 내부 원인으로 구분한다. 문제의 원인을 찾을 때 외부에서만 찾는 경우가 종종 있다. 내부 원인과 외부 원인을 구분하는 가장 좋은 질문은 '누가 해결할 수 있는가?'다. 내가 해결할 수 있는 문제는 내부 원인이고, 내가 해결할 수 없는 문제는 외부 원인이다. 예를 들어 '코로나로 인해 매출이 감소했다'는 외부 원인이다. '코로나가 발생하지 않도록 해야 한다'가 대안이기 때문이다.

외부 원인은 가장 강력한 원인이 된다. 그래서 외부 원인에 집중하는 경향이 있다. 하지만, 외부 원인은 내 노력보다 외부 환경의 변화가 해결책이 된다. 그렇다면 나는 문제를 해결하기 위해 노력하지 않고 기도만 열심히 하면 된다는 의미이기도 하다. 그래서 내가 해결할 수 있는 내부 원인으로 문제를 재정의하는 것이 필요하다. '코로나가 발생했을 때 비대면 판매로의 전환이 늦었다'처럼 말이다. 비대면 판매가 늦은 이유는 '경쟁사 동향을 늦게 파악했다, 외부 전문가의 컨설팅 등 다양한 방식이 아닌 내부 구성원들로 대안을 찾으려고 했다'처럼 행동으로 구분해야 한다.

내부 원인은 문제를 해결하는 영향력이 외부 원인보다는 작을 수 있지만, 즉각적으로 실행할 수 있는 대안이 되기 때문에 변화를 가져올 수 있다.

셋째, 정답이 아닌, 더 좋은 방법을 찾는다. "그렇게 해서 가능할까? 내 생각에는 안 될 것 같은데? 네가 해 봤어? 100% 확신해? 책임질 거야?"라는 말은 AAR에서 금기어다.

더 좋은 다양한 대안을 찾아서 실행하는 것이 피드백의 목적인데, 리더가 이렇게 나올 경우 리더가 알고 있거나 리더에게 컨펌받을 수 있는 정답을 찾으려고 노력하기 때문이다. 더 좋은 방법이 아닌, 리더의 관점에 맞춘 답을 찾는 역효과가 일어난다.

정답이 아닌, 더 좋은 방법을 찾는 가장 좋은 방법은 두 가지 질문을 하는 것이다.

"실행했을 때 어떤 결과가 예상될까?" "그럼 어느 시점에 중간 피드백을 해볼 수 있을까?"

빠르게 대안을 찾고, 빠르게 실행하며 피드백을 하고 재실행하거나 다른 대안을 찾는 '애자일 방식'이 바로 그 대안이 된다.

4. 계속해야 할 것은 무엇인가?

앞에서 살펴본 차이의 원인에서 긍정적 부분을 노출하자. 지속해야 하는 일하는 방식이나 조금 강화해서 해야 할 방법들을 노출하면 좋다. 이때 3가지를 고려해볼 수 있다.

① 그대로 유지해야 할 방법은?
② 작은 수정이나 변화를 주며 개선해야 할 방법은?

③ 팀과 회사로 더 확산하는 방법은?

세 번째의 경우에는 "이번에 고객 데이터 분석했던 방식이 너무 좋았는데, 팀원들에게 한번 가르쳐 주는 건 어때요? 매뉴얼을 함께 만들어서 다른 팀원들도 그 방식을 함께 사용할 수 있으면 더 좋을 것 같아요"라며 학습과 공유의 방식을 사용해 보면 좋다.

5. 시작하거나 그만둬야 할 일은 무엇인가?

새롭게 시작하거나 더 이상 하지 말아야 할 행동을 확정하자. 가장 중요한 요인은 3가지다.

① 내가 그만둬야 할 일하는 방식과 행동은 무엇인가?
② 새로운 지식과 경험, 스킬을 어떻게 학습할 것인가?
③ 리더로부터 도움과 지원을 어떻게 받을 것인가?

──────── **업무 피드백을 위한 AAR 5가지 질문** ────────

> 1. 목표 확인: 얻고자 한 것은 무엇인가?
> 2. 결과 확인: 얻은 것은 무엇인가?

↕

> 3. 원인 분석: 차이와 차이의 원인은 무엇인가?

↕

> 4. 개선 방법: 계속해야 할 것은 무엇인가?
> 5. 변화 방법: 시작·그만해야 할 것은 무엇인가?

3번 질문은 AAR에서 중심축이 되는 질문이다. 1, 2번의 목표와 결과를 확인하는 근거가 되고, 4, 5번으로 연결하여 이후 더 성장하고 성공할 수 있는 방법을 찾아주는 질문이 된다.

AAR 3, 4, 5번에 해당하는 답변들을 구체적으로 정리하며 다음 시즌의 목표를 정하자. 그러면 AAP에서 최적의 대안, 해야 할 행동 그리고 피드백 방법에 관한 질문에 답변할 수 있다. 바로 AAR과 AAP가 연결되는 지점이 3~5번에 해당하는 질문이다.

──────────── **AAR 질문 예시** ────────────

년 월 일, 작성자 :

얻고자 하는 것은? (목표)	• 목표 수립 대화에서 설정한 목표와 이번 월 또는 분기에 하기로 계획한 것은 무엇이었나요? (기간 동안 구체적으로 무엇을 달성하기로 합의했나?)
얻은 것은? (결과 · 현재의 모습은 무엇인가?)	• 현재 달성한 결과값은 무엇인가요? (결과값 이외에 예기치 못한 성공, 실패 사례 등 모든 결과값과 진척도를 가능한 만큼 기록 · 노출) • 예상하지 못했던 성공은 무엇인가요? 예상하지 못했던 실패는 무엇인가요? (하기로 했는데 하지 못했던 것은? 그것을 대체한 다른 활동은 무엇인가? 그 결과는?)
차이는 무엇인가? 차이가 난 원인은?	• 목표와 현재까지의 달성값의 차이는 얼마인가요? (+결과 / - 결과) • 초과 달성했다면 그 원인은 무엇인가요? (내부 · 외부 핵심 원인 2~3가지) • 부족하다면 그 원인은 무엇인가요? (내부 · 외부 핵심 원인 2~3가지)
계속 해야 할 것은? (유지 · 강화할 것)	• 성공 원인 중 다음에도 계속해야 할 구체적인 Action은 무엇인가요? 어떤 결과가 예상되나요? (Best Practice) • 지금 더 잘할 수 있는 방법은 무엇이 있을까요? BP를 확산일 수 있는 방법은 무엇이 있을까요?
보완해야 할 것은? (버려야 할 것)	• 실패 원인 중 수정하거나, 하지 말아야 할 Action은 무엇인가요? (Worst Practice, Non Fit Practice) • 새롭게 시작해야 할 Action은 무엇인가요? (어떻게 학습할 계획인가? 무엇을 도와주면 좋을까?)

목표 달성을 위한 AAR+AAP 대화

AAR과 AAP의 질문들을 연결해서 만든 상시 성과 관리 대화 모델을 소개하겠다. 이것은 일상에서 주간 혹은 월간으로 1대1 미팅을 할 때 사용하는 도구다. 다만 팀원이 팀장에게 보고하기보다는 자신의 과업을 스스로 정리하는 도구라고 보면 된다.

총 7개 문항으로 되어 있는데, 앞의 5개 질문은 AAR의 질문과 동일하고, 마지막 2개 질문은 AAP의 질문과 동일하다. AAR+AAP 질문을 사용하는 목적은 단 하나, '그래서 목표 달성을 위해 무엇을 하면 될까?'를 결정하는 것이다. 방법은 간단한다.

① 팀원이 AAR+AAP 관점에서 자신의 과업을 수시로 기록
② (팀원 주도로) 기록하면서 나온 주제 중에 팀장과 나누고 싶은 주제를 선정
  • 일을 하면서 느낀 어려움, 고민, 업무 장애물을 공유하고 해결책 함께 찾기
  • 과업의 목적과 방향성에 대해 다시 한번 팀장과 합의하기
  • 과업의 진척도와 과업 수행에서 얻는 정보를 공유하고, 팀장의 궁금증을 해소해 주기
③ (팀장 주도로) 인정·칭찬 피드백, 정보 공유
  • 과정에서 팀원이 잘하고 있는 부분을 인정·칭찬

- 개선이 필요한 부분에 대해 피드백 전달
- 새로운 관점, 지식, 경험, 스킬을 가르치거나 전문가 매칭 등을 지원

상시 성과 관리는 수시로 진행되는 업무 미팅이다. 이때 핵심은 내 과업의 진척도와 주요 정보를 팀장에게 공유하며 내 과업에 팀장의 관심과 시간을 사용할 수 있도록 하는 것이고, 이 과정에서 내 과업이 성공할 수 있는 지원을 받는 것이다. 즉 내 목표를 위해 팀장의 시간, 지식, 경험을 투자받는 시간이다.

혼자서 일을 잘하는 사람들은 참 많다. 그런데 요즘 시대는 혼자서 문제를 해결할 수 없는 시대다. 나 이외 다른 사람의 지식과 경험을 공유하면서 더 빠르게, 더 좋은 방식으로 일을 할 수 있다면 목표를 더 크게 달성할 수 있다.

특히 세상 모든 사람은 자신이 아는 만큼 평가할 수 있다. 만약 AAR+AAP를 활용한 상시 성과 관리 미팅을 팀장과 매주 진행한 A 팀원이 있다고 해보자. 팀장은 A 팀원의 과업에 대해 얼마나 알고 있을까? 상위 본부장에게 A 팀원을 어떤 직원이라고 소개할까? 또 평가 시즌이 되었을 때 A 팀원의 결과물뿐만이 아니라, 일하는 방식과 태도에 대해 어떤 평가를 할까?

팀장이 팀원의 결과를 평가하고, 그 과정에서 성장과 성공에 도움이 되는 피드백을 전하기 위해서는 서로의 일하는 방식을 공유하고 대화를 나누는 시간이 절대적으로 필요하다. 시간과 관심을

년 월 일. 작성자 :

얻고자 하는 것은? (목표)	• 목표 수립 대화에서 설정한 목표와 이번 월 또는 분기에 하기로 계획한 것은 무엇이었나요? (기간 동안 구체적으로 무엇을 달성하기로 합의했나?)
얻은 것은? (결과 · 현재의 모습은 무엇인가?)	• 현재 달성한 결과값은 무엇인가요? (숫자, 완성도, 진척도, 지식 등 모든 결과값과 결과값 이외에 예기치 못한 성공, 실패 사례 등 진척도를 가능한 만큼 기록 · 노출) • 예상하지 못했던 성공은 무엇인가요? 예상하지 못했던 실패는 무엇인가요? (하기로 했는데 하지 못했던 것은? 그것을 대체한 다른 활동은 무엇인가? 그 결과는?)
차이는 무엇인가? 차이가 난 원인은?	• 목표와 현재까지의 달성값의 차이는 얼마인가요? (+결과 / - 결과) • 초과 달성했다면 그 원인은 무엇인가요? (내부 · 외부 핵심 원인 2~3가지) • 부족하다면 그 원인은 무엇인가요? (내부 · 외부 핵심 원인 2~3가지)
계속 해야 할 것은? (유지 · 강화할 것)	• 성공 원인 중 다음에도 계속해야 할 구체적인 Action은 무엇인가요? 어떤 결과가 예상되나요? (Best Practice) • 조금 더 잘할 수 있는 방법은 무엇이 있을까요? BP를 확산할 수 있는 방법은 무엇이 있을까요?
보완해야 할 것은? (버려야 할 것)	• 실패 원인 중 수정하거나, 하지 말아야 할 Action은 무엇인가요? (Worst Practice, Non Fit Practice) • 새롭게 시작해야 할 Action은 무엇인가요? (어떻게 학습할 계획인가? 무엇을 도와주면 좋을까?)
해야 할 행동은 무엇인가? (유지 · 추가 · 수정 할 것)	• 구체적인 실행 계획을 세우고, 리더와 동료의 도움이 필요한 부분을 기록해보세요. (월 / 분기 단위 혼자 하기 또는 동료와 함께 협업하기, 성과 내는 데 필요한 리소스 지원 요청 및 합의) • 정리한 Action과 예상 결과들을 어떻게 하면 잘 실행할 수 있을까요? (누가 할 것인가(Who)? / 언제까지 할 것인가(When)? / 동기 부여와 의지는(Will)?)
피드백 방법은 무엇인가? (과정 · 결과의 피드백)	• 실행 과정에서 잘하고 있는지를 판단할 수 있는 기준을 정해보세요. (과정 분석, 중간 피드백, CSF 등) • 결과와 과정을 통해서 얻을 수 있는 예상 지식, 경험, BP는 무엇인가요? (다른 동료들에게 어떤 도움이 될까? 어떻게 공유할 수 있을까? 어떻게 확산을 할까?)

투자하는 만큼 서로에 대해서 이해할 수 있기 때문이다.

AAR+AAP를 보고하는 도구가 아닌, 팀원과 팀장이 서로의 일하는 방식과 진척, 정보, 지식과 경험 그리고 고민을 공유하는 도구로 활용하기를 바란다. 보고서 쓰느라 정작 일하는 시간을 줄이고 야근하는 것이 아니라, 7개의 질문을 고민하면서 내 목표와 과업을 더 잘하는 노하우를 공유하자.

Feedback

3장

성과를 관리하는 대화

성과 '평가'하는 게 아니라
'관리'하는 것

어느 날 딸이 할 이야기가 있다고 했다.

"아빠, 내가 이번 방학 때 공부할 계획이야. 들어봐."

딸은 PPT로 만든 7~8쪽 분량을 프레젠테이션했다. 딸의 강점은 분석과 함께 발표 자료를 뚝딱 잘 만든다는 것이다. 중 3이 되면서 새로운 목표를 잡은 줄 알았지만 목적은 따로 있었다.

"그래서 태블릿이 필요해. 공부하려고 보니까 태블릿이 있으면 이거 다 할 수 있을 것 같아."

스스로 난이도 있는 목표를 잡으면 아빠가 칭찬해 준다는 것을 잘 아는 딸의 전략이었고, 그게 먹혔다. 원하던 최신형 태블릿을 얻었기 때문이다. 그리고 일주일은 열심히 하는 모습을 보여 줬다.

그러나 일주일쯤 지나자 공부를 내려놓고는 다시 원래 모습으로 돌아갔다. 하루 이틀은 그냥 내버려뒀다. 지나가며 "오늘의 계획은 뭐야? 계획한 거는 잘 돼가?"라고 질문만 던졌는데 딸은 흔들림이 없었다. 그래서 마지막 수단을 사용했다.

"방학 동안에 하은이가 공부한다고 세운 계획 있잖아. 다음 주 토요일에 중간 진척도 피드백을 좀 해줘. 하은이가 스스로 세운 목표를 잘 지키는지 아빠도 응원하려고. 태블릿 값을 지불했던 사람으로서 태블릿 사용 피드백은 들어도 되지 않을까?"

딸은 아무 말도 하지 않았지만 이내 작은 변화가 일어났다. 그날부터 매일 공부하며 진척도 관리를 하기 시작한 것이다. 약속한 토요일이 되자 딸은 공부 진척도를 공유하며, 남은 방학 기간에 100% 완료할 거라고 말했다.

목적이 어찌 되었든 방학 동안의 학습 목표는 딸이 스스로 잡은 것이다. 그리고 나는 진척도 피드백이라는 간단한 도구를 주었을 뿐, '공부하라'는 말은 한 적이 없다. 스스로 세운 목적과 목표가 있기에 피드백으로 계획을 실천하는 근육이 생기길 바란 것이다.

●

더 높은 목표에 도전하게 만들어라

○

우리가 가장 많이 하는 오해는 피드백이 곧 성과 평가라고 생각하는 것이다. 완전히 틀린 말은 아니다. 물론 피드백 없이 성과 평가만 해도 되는 조직이 있다. 바로 S급 인재들로만 구성된 조직이고, 모든 조직원이 임원이나 개인 사업자로 구성된 조직이다.

그동안 나는 많은 인재를 봐왔다. 채용 과정에서부터 남다른 재능을 타고난 인재들도 있었고, 성장 과정에서 특별한 기회를 주고 빠르게 성장할 수 있도록 커리어를 관리해 주던 임원 후보들도 있었다. 그렇게 빠른 성장을 통해 30대에 임원이 되고, 40대에 조 단위 계열사의 경영자가 되는 리더들도 많이 있었다.

회사는 재능 있는 인재들에게 일하는 방식과 스킬을 아낌없이 공유했고, 피드백과 인정(특진)이라는 다양한 보상을 주었지만, 이것이 일부에게는 독이 되고 말았다. 성과 평가만을 하자 재능 있는 인재가 일반적인 인재로 변하는 모습을 쉽게 볼 수 있게 된 것이다.

성과를 평가하면 구성원들은 평가를 잘 받을 수 있는 과업에만 집중하게 된다. 더 중요하고, 더 어렵고, 더 새로운 과업보다는 평가를 위해 이미 자신이 알고 있는 과업이나 목표에 도전할 수밖에 없다.

성장이 멈춘 인재들은 이미 대안이 있는, 즉 결과가 예측되는 과업을 선택했다. 그들은 좋은 결과를 바탕으로 보상을 받았다. 한번 경험한 달콤한 꿀은 버리기 어려워졌고, 그렇게 쉽게 해결할 수 있는 문제, 잘하고 있는 조직을 선택하는 행동을 반복했다. 그리고 그들은 어느 순간 성장이 멈춘, 평범한 인재가 되어 있었다.

반대로 빠르게 성장한 인재는 가장 어려운 과업을 선택했다. 매우 어렵고 난이도 있는 어려운 과업을 선택했던 이들은 지속적으로 해결법을 고민하면서 성장했다.

그들 중에는 조직에서 인정받은 이도 있었지만 퇴사하고 자신의 비즈니스를 풀어내기 시작한 이들도 있었다. 결과적으로 개인의 삶에서, 사회적인 기여 측면에서도 그들은 성장했다.

내가 생각하는 이상적인 성과 관리는, 팀과 팀원들이 자신의 역량보다 더 높은 수준의 과업과 목표에 도전하게 만들고, 부족한 역량을 학습과 동료들과의 공유 그리고 리더십으로 해결하는 것이다. 성과 평가가 아닌, 성과 관리의 영역으로 넘어가야 재능 있는 인재들이 더 빠르게 성장할 수 있다.

성과 관리를 할 때는 다음 3가지를 명심해야 한다.

① 재능 있는 인재에게 현재 가진 역량보다 조금 더 어렵고 새로운 과업과 목표를 준다.
② 과업을 해결하는 과정에서 코칭, 멘토링, 티칭, 컨설팅 그리고 카운슬링을 통해 다양한 방식으로 지원한다.
③ 매주 또는 매달 정기적으로 인정·칭찬, 피드백과 피드포워드 대화를 나눈다.

이 과정을 통해 기대하는 것은 팀원이 높은 목표에 도전하고, 끊임없는 학습과 리더의 지원을 통해 성장하는 것이다. 리더가 시간을 투자하는 만큼 팀원은 더 빨리 성장한다.

중간 성과 평가
피드백을 하라

성과 평가는 보통 1년에 한 번 진행한다. 하지만 평가만 진행하다 보면 구성원들이 더 어려운 목표나 새로운 목표에 도전하기를 꺼리게 된다. 여기에 성장이라는 단어를 넣어보자. 성과는 결과를 만드는 것이지만, 성장은 이전보다 더 나아졌다는 의미다.

그럼 성장하기 위해서는 어떻게 해야 할까? 더 높은 목표에 도전하고, 이전에 잘했던 방식과 이전에 하지 않았던 새로운 방식을 적용하며 더 나은 결과를 만들어내는 것이다. 성과 평가를 평가로 끝내는 것이 아니라 성장으로 연결하는 방법이 바로 '중간 성과 평가 피드백'이다.

중간 성과 평가 피드백을 3개월마다 해보길 제안한다. 팀원들은 이 과정을 통해 1년에 한 번 있는 성과 평가를 조금은 더 잘 준비할 기회를 얻게 된다. 중간에 내가 잘하고 있는지, 부족한지를 알게 되고, 남은 기간 동안 일하는 방식에 변화를 가져올 수 있기 때문이다.

이때 리더가 평가와 피드백을 먼저 이야기하기보다는 팀원들이 스스로 자신의 과업을 평가하고 피드백할 수 있도록 좋은 질문을 먼저 하는 것을 추천한다.

먼저 평가를 위해 '목표 대비 달성한 것은 무엇인가?'를 확인할 때 4가지 질문을 사용해보자.

① 올해 목표 현재 대비 어떤 결과를 냈는가?

② 연말 예상되는 결과는 무엇인가?

③ 그 결과는 팀과 회사에 어떤 기여를 했는가?

④ 이전과 비교해서 어떤 결과값의 변화가 있었나?

다음으로 피드백을 위해서는 '과정에서 지난 시즌과 달라진 나의 역량은 무엇인가?'를 주제로 대화를 나눠봤으면 좋겠다. 이때 사용할 질문은 4가지다.

① 긍정적으로 달라진 점은 무엇인가(구체적인 행동)?

② 하기로 했는데 하지 못했던 것은 무엇이었나? 그 장애물을 어떻게 해결했나?

③ 새롭게 배우게 된 것은 무엇인가? 또 전보다 쉽게 하게 된 것은 무엇인가?

④ 예기치 않았던 성공, 실패는 무엇인가?

다음은 다가오는 미래의 개선된 모습을 찾아보는 피드포워드 대화다. '다음 시즌 목표는 무엇인가?'라는 주제로 3가지 질문을 해보자.

① 다음 시즌에 달성하고자 하는 목표는 무엇인가?

② 그 목표는 팀과 회사에 어떤 의미를 가지고 있나? 어떤 영향을 줄 수 있나?

③ 이전과 비교해서 'Stop, Start, Continue' 할 행동은 무엇인가?

보통은 여기까지 중간 성과 평가 피드백을 하고 마무리하게 된다. 그러다 시간이 지나 연말이 되면 팀원의 행동과 결과물이 바뀌어 있을까? 대부분 변화 없이 비슷하게 일하고 있을 것이다. 왜냐하면 새로운 방식으로 일하는 계획을 구체적으로 세우지 않았기 때문이다.

'다음 하반기에 성장하기 위해서 어떤 노력을 할 것인가?'와 '이 과정에서 스스로 해야 할 것과 리더의 지원이 필요한 부분은 무엇인가?'라는 질문을 통해 팀원이 스스로 개선하려고 노력할 액션과 리더인 팀장이 도와줄 방법을 함께 찾아보자.

●

일하는 방식의 변화를 이끌어라

○

평가 피드백 미팅에 대한 오해가 정말 많다. 그중 하나는 이것이다.

'지난해에도 피드백 미팅을 했는데, 변하지 않는 팀원에게는 어떻게 해야 하는가?'

사람은 평가 또는 피드백 한 번으로 바뀌지 않는다. 만약 한 번의 피드백 미팅으로 바뀌는 팀원이 있다면 그 팀원은 피드백 미팅을 하지 않았어도 스스로 바뀔 인재다.

중간 성과 평가 피드백 미팅의 목적은 일하는 방식의 변화를 이끌어내는 것이다. 다시 말해, 잘하고 있었던 방식은 계속 잘하거나 더 잘하도록 인정과 칭찬을 해주고 자신감을 갖게 해주는 것이다. 성과에 영향을 주지 못하는 잘못된 일하는 방식은 개선하거나 학습할 수 있도록 격려하는 것이기도 하다.

리더가 피드백을 해야 하는 이유는 팀원들이 조금이라도 빠르게 성장하도록 돕기 위해서다. 성과 평가 피드백 미팅에서 리더가 팀원에게 제공해야 할 메시지는 성과 결과가 아니라 '성과를 만들어내는 일하는 방식'이다. 그렇게 팀원의 성장 속도를 빠르게 단축해 보면 어떨까?

피드백 대화의 일상화, 상시 성과 관리

○

상시 성과 관리란 1년에 1~2번 성과 평가 피드백 대화를 하는 것이 아니라 연중 수시로 리더와 팀원이 과업과 관련된 대화를 나누는 것이다. 목표를 달성하기 위한 인정과 칭찬, 피드백을 주고받으며 일상에서 성과를 관리하는 것을 의미한다. 즉 일상에서 지속적으로 진행되는 성과 관리 대화라고 볼 수 있다.

최근 비즈니스 상황은 예측이 불가능하다. 1년의 목표 설정이 무의미할 정도로 목표와 방향성 또한 수시로 바뀌고 있다. 그렇다 보니 팀원의 성과 목표를 1년 단위로 설정하는 게 의미 없다는 인식과 함께 팀원이 더 나은 성과를 낼 수 있도록 돕기 위해서 많은 기업이 상시 성과 관리를 한다. 조직에서 가장 지식과 경험이 많은 리더의 시간과 에너지를 팀원 개개인에게 투자하자는 의미이기도 하다.

또한 성과 평가는 주관적일 수밖에 없다. 아무리 정량적 기준이 있다 하더라도 개인의 기여를 객관적으로 측정할 수 있는 도구는 존재하지 않기 때문이다. 1년에 1~2번 평가 피드백을 하면 최근 몇 개월, 또는 기억에 남는 몇 가지 사례만을 기준으로 평가하게 된다. 이 부분을 보완하기 위해 최소한 매월 정기적으로 미팅을 하며 무엇을 잘하고 있는지, 무엇을 개선해야 하는지, 현재 목표로 하는 결과와 모습에서 어느 정도 레벨에 도착했는지 반복해서 이야기를 나누고 기록으로 남겨둔다. 그러면 최종 평가를 할 때 조금 더 객관성을 확보할 수 있기 때문이다.

팀원이 일하는 과정을 관찰하다 보면 더 잘할 방법이 있는데 아쉽게 일하고 있는 모습을 보게 된다. 혼자서는 해결하지 못하는 과제로 끙끙거릴 때도 있고, 팀장이 옆 부서와 30분만 미팅을 해도 해결될 문제를 팀원이 해결하지 못하고 있을 때도 있다.

그래서 팀원이 잘하고 있는 부분을 노출하고 인정하며, 더 성장하기 위해 개선해야 할 부분을 공유해서 행동으로 옮기도록 이끄는 것이 필요하다. 매 순간 성장하고 있다는 것을 구성원이 느낄 수 있도록 해야 한다.

결론적으로 상시 성과 관리는 팀원이 목표를 달성할 수 있도록 수시로 업무 실력을 향상시키는 것을 목적으로 한다. 따라서 대화의 주제는 '팀원의 목표는 무엇인가?'와 '팀원이 어떻게 일하고 있는가?'다.

●

자주 할수록 좋은 상시 성과 관리

○

상시 성과 관리는 언제부터 시작해야 할까? 평가를 6개월에 한 번 한다면 6월 말에서 7월 초, 12월 말에서 1월 초가 평가 기간이 된다. 그 이후에 피드백 면담을 하게 된다.

상시 성과 관리를 이야기할 때 제안하는 주기가 있다. 주별, 월별, 분기별, 반기별 그리고 연말에 진행되는 성과 평가 대화다.

일반적으로 연초에 목표가 설정되면 연말에 목표와 관련된 성과 평가를 진행한다. 그런데 1년에 한 번 진행하는 성과 평가는 구성원의 성장을 돕지 못한다. 일하는 방식에 변화를 주거나 티칭과 컨설팅을 적시에 줄 수 없기 때문이다.

그래서 기업들은 6~7월에 중간 피드백 미팅을 통해서 중간 점검을 하곤 한다. 이 또한 1년에 한 번하는 것보다는 좋은 방법이다. 6월에 중간 피드백 대화를 나누면 하반기에 더 나은 성과를 만들어내기 위해 필요한 리더의 지원, 팀원의 학습 등을 유도할 수 있기 때문이다.

그런데 한 번의 중간 피드백으로는 부족하기에 분기에 한 번 더 성과 관리 피드백 대화를 추가해보길 추천한다. 이때 사용할 수 있는 대화가 앞에서 설명한 평가, 피드백, 피드포워드 대화다. 핵심은 평가보다 피드백과 피드포워드에 집중하는 것이다.

마지막으로 주간과 월간 피드백 대화를 제안한다. 앞서 설명한 연간 평가와 피드백, 반기와 분기 피드백 대화는 리더가 주도하는 대화다. 리더가 정한 질문을 바탕으로 팀원들이 스스로 평가와 피드백, 피드포워드를 하고 리더와 합의하는 시간이다.

하지만 월간, 주간 성과 관리 미팅에서는 팀원이 주도하는 대화가 되어야 한다. 주간 대화에서 리더가 사용하면 좋은 질문이 있다.

"오늘 저와 어떤 이야기를 하면 좋을까요?"

"어떤 고민이 있으세요?"

두 질문의 핵심은 팀원이 주요 과업의 진척도를 공유하고 궁금한 점을 묻거나 도움을 구하며 리더의 의견을 듣는 것이다.

최소한 매월 또는 매주 한 번씩 그 달의 성과와 잘할 것과 보완할 점을 공유하고 다음의 성장을 위해 집중하려는 우선순위와 학습, 개선점을 공유하는 시간을 갖는다. 1년에 최소 12번, 최대 52번의 피드백 세션을 갖는다고 생각하면 된다.

실제 주간 미팅을 하는 조직에서 많이 발견되는 행동이 있다. 초반에는 팀원들이 리더와 어떤 대화를 해야 하는지를 준비하지 못한다. 이때 리더가 대화를 이어가기 위해 궁금한 것을 질문하기보다 이렇게 말한다.

"그럼 오늘은 여기까지만 할까요? 다음 주에는 저와 소통하고 싶은 부분을 조금 더 고민해 오면 좋겠어요."

대화의 주도권을 팀원에게 주는 것이다. 이렇게 훈련된 팀원들은 자기 과업을 관리하고 리더에게 요청할 지원 사항을 준비하는 모습을 보인다. 실제 한 팀원은 리더와의 주간 미팅을 위해 업무 일지를 적기 시작했다. 매일의 과업과 그 과업의 목적, 과업을 수행하면서 어려웠던 부분을 기록해두고 매주 리더의 시간을 사용했다. 이 팀원의 성장 속도는 내 기억에 남아 있을 정도로 빠르고 강력했다.

월간 미팅도 주간 미팅과 비슷하다. 주간 미팅과 다른 점은 과업의 크기다. 주간 미팅이 진행하면서 나온 고민과 장애물을 이야기하는 시간이라면, 월간 미팅은 과업의 진척도와 함께 지난 한 달 동안 만들어낸 결과물을 확인하는 시간이다.

피드백이 성과로 연결되지 않고 평가로만 인식되는 이유는 상시 성과 관리가 없기 때문이다. 1년에 1~2번만 성과에 대해 이야기를 나눈다면 팀원이 성장할 기회는 1년에 1~2번밖에 없다. 조금 더 일상에서 팀원이 주도적으로 이끄는 대화를 해보면 어떨까? 또 조금 더 짧은 주기로 평가, 피드백, 피드포워드 대화를 해보면 어떨까? 이런 시간이 팀원의 성장과 성과를 만들어내는 투자가 된다.

--- **성과 관리 대화 루틴** ---

| 팀원이 주도적으로 요청하는 미팅 | | | | 리더가 주도적으로 진행하는 미팅 | | |

1월	week	week	2월/월	3월/분기	6월/반기	12월/연간
12월과 동일	Action Plan, 지원 요청		월간 피드백	분기별 세분화된 목표 설정 및 피드백	연간 목표 중간 점검 및 남은 반기 목표 리세팅	연간 목표 세팅 (성장, 퍼포먼스)

① **연간(AAR)** : 개인의 성장, 팀 관점에서 해야 하는 미션과 퍼포먼스에 대해서 연간 목표 설정

② **반기(AAR + AAP)** : 연간 목표 대비 중간 점검 (잘하고 있는 부분 인정·칭찬, 개선이 필요한 부분은 피드백) 및 남은 반기 계획 수정

③ **분기(AAR + AAP)** : 연간 목표를 4개로 나눠서 쿼터별로 관리 (1년은 너무 길고, 개인의 행동을 잊기 쉬우며, 충전을 조금 더 자주 하기 위해)

④ **월 진척도 / 고민 공유** : 분기 단위 목표 대비, 월간 진척도 피드백 및 다음 달 주요 Action 공유 및 협의

⑤ **주간 고민 공유** : 팀원이 개인의 주간 Action Plan을 공유 및 지원 요청하는 시간

생각하는 힘을 기르는 피드백 코칭 대화

AAR+AAP를 통해 내 과업·목표를 수행하면서 잘하고 있는 부분과 개선이 필요한 부분을 찾았다면, 이 내용을 바탕으로 리더와 팀원이 함께 대화하는 시간을 가져야 한다. 이때 '피드백 코칭 대화'를 제안한다.

피드백 코칭 대화가 일반적인 대화와 다른 점은 다양한 리더십이 포함되어 있다는 것이다. 일반적으로 리더가 코칭 대화를 할 때는 정답을 알려주지 말고 팀원이 스스로 문제를 정의하고 대안을 찾을 수 있도록 하라고 말한다.

코칭 대화가 가장 강력한 힘을 발휘하는 것은 맞다. 그런데 문제는 이 코칭 대화가 잘 통하는 팀원이 그리 많지 않다는 것이다.

또한 그 정도로 여유가 있는 팀장도 많지 않다.

하지만 코칭 대화는 필요하다. 이것은 장기적으로 팀원이 스스로 자신의 문제를 정의하고, 더 나은 방법을 찾도록 생각하는 힘을 길러주기 때문이다.

먼저 일반적인 사례를 하나 공유하겠다. 일을 하다가 팀원이 하나의 문제를 해결하고 있다. 이때 다음 액션은 비슷하다. "팀장님, 이 자료 정리해 봤는데요. 한번 봐 주세요"라며 자신의 중간 결과물에 대해 팀장에게 피드백을 요청한다. 자료를 받은 팀장은 몇 가지 궁금한 부분을 물어보고 "이거 A가 아니라, B로 하면 될 것 같은데, B로 해서 퇴근 전에 다시 보여줘"라고 말한다.

이런 대화를 '컨설팅형 피드백'이라고 한다. 팀원이 가져온 결과물을 지식과 경험이 더 많은 팀장이 보고 '잘했어, 못했어'를 판단하고 더 나은 대안을 제시해 주는 것이다. 컨설팅형 피드백의 강점은 빠르고 예측 가능한 방법이라는 것이다. 리더 혼자서 결정하고 판단하기 때문이다.

반면 컨설팅형 피드백의 단점은 '리더가 모르는 것이 대안이 될 수 없다'는 것과 '시간이 흐를수록 팀원이 스스로 생각하지 않고 팀장을 의지한다'는 것이다. 팀장에게 80점짜리를 가져가도 20점의 대안을 찾아 주고, 70점짜리를 가져가도 30점의 대안을 쉽게 받을 수 있기 때문이다.

이런 상황이 반복되면 초기에는 팀장도 즐겁고 팀원도 즐겁다. 빠르게 문제가 해결되어 가는 모습을 볼 수 있기 때문이다. 그런데 시간이 조금만 흐르면 일하는 방식에 문제가 있다는 것을 알게 된다. 팀에서 팀장 혼자서만 일을 하는 현상이 발생하기 때문이다.

문제를 찾는 것도 팀장이고 문제의 대안을 찾는 것도 팀장이다. 팀장은 더 많은 자료와 정보를 분석해서 더 나은 대안을 찾고, 팀원들은 팀장만을 바라보며 답을 달라고 기다린다. '생각하는 힘을 잃어버린 팀원'의 모습은 어쩌면 팀장의 리더십에서 시작되었을지도 모른다.

●

피드백 코칭 대화의 4단계

○

팀원이 스스로 생각할 수 있는 힘을 기르도록 상시 성과 관리 대화를 하는 방법을 바꿔보자. 여기에는 전제가 있다. 팀원이 AAR+AAP를 먼저 기록해보며 자신의 문제를 알고 있고 어느 정도 대안도 가지고 있어야 한다. 팀원이 이마저도 하지 않았다면 어쩔 수 없이 팀장이 지시하고 가르칠 수밖에 없다.

피드백 코칭 대화는 다음과 같은 4단계로 진행된다.

1단계: 코칭으로 시작하라

코칭으로 시작할 때 중요한 것은 세 가지다. 첫째, 팀원이 예측 가능한 시간에 만나야 한다. 팀원이 팀장의 지식과 경험을 필요로 할 때 만나야 한다. 우리는 사무실에서 자주 'A 대리, 잠깐만 와봐'

라며 팀장이 팀원을 부르는 모습을 볼 수 있는데, 이것은 팀장의 시간이다. 팀원의 시간은 중요하지 않다. 이런 상황에서 팀원은 대화의 주도권을 잃어버리고 팀장이 궁금해하는 부분을 답변할 수밖에 없다.

팀원이 필요로 하는 시간에 만날 수 있도록 팀장이 자신의 시간을 내어주는 것이 필요하다. 그런데 현실적으로 팀장은 너무 바쁘다. 그래서 팀원들은 여유 없는 팀장의 시간을 눈치 보기 시작한다. 대안은 '정기적으로 미팅하는 시간을 정해두자'는 것이다.

어려운 과업을 맡고 있어서 자주 시간을 내줘야 하는 팀원이라면 매일 오전 10시에 만나자고 약속을 정할 수 있다. 또는 매주 금요일 오후 2~3시에 규칙적인 미팅을 할 수도 있다. 이 시간만큼은 팀원이 마음대로 사용해도 되는 시간이다.

둘째, 팀원이 하고 싶은 이야기를 하게 하라. 팀원이 대화의 주제를 정하도록 해야 한다. 이때 팀장이 할 수 있는 대화의 시작은 간단하다.

"오늘은 어떤 이야기를 해볼까요?"

이 질문 하나만으로 팀원은 자신의 과업 진척도를 자랑할 수도 있고, 일을 하면서 찾은 장애물과 고민을 공유할 수도 있다. 무엇이든 상관없다. 팀원이 주제를 정하도록 대화를 이끌어주자. 만약 팀원이 "오늘은 팀장님과 대화 나눌 준비를 하지 못했습니다"라고 말한다면 "그래요, 그럼 다음번에 준비해서 이야기합시다"라며 1분 만에 대화를 끝내도 된다. 이 시간은 어디까지나 팀원이 주도하는 대화이기 때문이다.

셋째, 긍정적으로 반응하라. 만약 팀원이 일하면서 알게 된 고민과 장애물을 이야기한다면 어떻게 반응해야 할까? "그것도 몰랐어? 일찍 물어보지"라고 말한다면 팀원은 이 대화를 불편한 시간, 혼나는 시간으로 인식하게 된다.

"그런 고민을 하고 있었네요? 같이 풀어봅시다. 고민 이야기해 줘서 고마워요"라고 반응한다면 어떨까? 이후에는 팀장에게 고민과 장애물, 모르는 것을 공유하는 것이 조금 더 쉬워지지 않겠는가.

팀원과 성과 관리 대화를 나눌 때 가장 중요한 것은 바로 팀장이 어떻게 반응하는가다. 이에 따라 팀원의 다음 행동이 결정되기 때문이다.

2단계: 팀원이 자신의 과업을 바라볼 수 있도록 하라

두 번째 단계 또한 코칭의 연장선이다. 즉 리더의 생각을 최소화하고 팀원이 스스로 문제를 객관적으로 바라보고 자신만의 대안을 찾을 수 있는 대화를 해야 한다. 팀원이 고민을 이야기했을 때 팀장이 바로 이어갈 수 있는 질문은 "그 고민을 하게 된 이유가 뭐예요? ○○님이 예상한 이상적인 결과물은 무엇인가요? 고민을 하게 된 상황이 궁금해요"라고 물어보는 것이다.

일반적으로 팀장은 팀원의 고민에 자신만의 답을 제안해 준다. 바로 어떻게(How)다. 그런데 그 순간 팀원은 더 이상의 새로운 생각을 닫아버린다. 이미 나보다 더 경험 많은 팀장이 방법을 제안해 줬기 때문에 그것을 답이라고 생각하는 것이다. 따라서 '어떻게'가 아닌 '무엇'과 '왜'에 대해 이야기를 나눠야 한다. 현재 팀원이 이 과업을 고민하게 된 이유, 과업의 목적과 방향성, 그리고 현재 팀원의 상황을 찾아가야 한다.

팀원의 고민과 상황에 대해 이야기 나눈 후에는 팀원의 계획을 물어보면 좋다. "그럼 ○○님은 이 문제를 어떻게 해결하려고 했어요? ○○님의 계획은 무엇이었어요?"와 같은 질문이 좋다. 질문을 받은 팀원의 계획도 정답이 아니다. 아마 많이 부족할 수도 있을 것이다.

이때 팀장은 선택을 할 수 있다. "그 계획대로 빨리 실행하고 내일 다시 만날까요?"라며 먼저 실행하게 하고 피드백 대화를 나누는 것이다. 다만 이것은 여유 시간이 있을 때 사용할 수 있는 방법이다. 만약 팀원에게 실행의 여유를 주지 못하는 상황이라면 아래 3번째 단계를 시뮬레이션 대화로 해보길 추천한다.

3단계: 결과물을 바탕으로 팀장이 주도하는 대화를 하라

1, 2단계는 팀원이 주도하는 대화였다. 팀장이 자신의 의견을 말하기보다는 팀원이 조금 더 이야기할 수 있도록 좋은 질문과 경청을 통해 대화를 이끌어간다. 그런데 세 번째 단계는 반대로 해보자. 팀장이 주도하는 형태의 대화를 하는 것이다.

팀원은 이제 약간의 결과물을 가지고 있을 것이고, 본인의 계획대로 실행했을 때 문제가 생긴 부분을 고민하고 있을 수 있다. 이때 시간적 여유가 없다면 "그대로 하면 어떤 결과가 나올 것 같아요? 그 계획이 가지고 있는 장점과 약점은 무엇일까요? 그 방법으로 하면 ○○○이 문제가 될 것 같은데 어떻게 해결할 수 있을까요?"라며 계획에 대한 시뮬레이션을 해보는 것도 좋다. 실행을 하지 않더라도 대화를 통해 팀원의 계획에 대해 기대되는 점과 개선이 필요한 점을 검토하는 것이다.

물론 팀원이 자신의 계획대로 실행해보고 가져온 결과물을 가지고 대화를 이어가는 것도 한 방법이다. "계획대로 해보니 어땠어요? 목표 대비 무엇이 좋았고, 부족했어요? 어떤 부분이 어려웠나요?" 등을 확인해보자.

이후에는 팀장이 티칭, 컨설팅, 멘토링 혹은 카운슬링을 통해 구체적인 방법을 제안해 주면 좋다. 티칭은 팀원이 이전에는 경험해 보지 못한 과업을 처음 수행할 때, 전혀 실행에 대한 감을 잡지 못할 때 모든 것을 다 알려주고 "처음부터 가르쳐 준 대로 해봐요"라고 하는 것이다.

컨설팅은 팀원이 우선 해온 결과물을 보며 "이건 잘했고, 이건 아니에요. A보다는 B 방식을 써보세요"라고 대안을 직접 제안해 주는 것이다. 티칭과 컨설팅의 차이는 뭘까? 처음부터 리더가 가르쳐 준 대로 하는 것이 티칭이고, 우선 팀원이 실행한 결과물을 대상으로 평가하고 대안을 알려주는 것이 컨설팅이다.

팀원의 결과물을 보니 어느 정도 수준이 됐을 때는 멘토링을 활용해보자. 멘토링은 리더가 자신의 경험을 공유하고, 팀원이 그중에서 방법을 선택하는 것이다. 리더는 이렇게 말할 수 있다.

"내가 비슷한 결과물을 만들 때 A, B, C 방법을 사용했었는데… 옆 부서 ○○ 과장이 비슷한 일을 D 방식으로 했었죠. 이 중에서 적용해 볼 만한 내용이 있을까요?"

그럼 카운슬링은 언제 필요할까? 바로 팀원이 스스로 좋은 결과물을 만들어내지 못했다고 실망하고 있을 때다. 이럴 때 리더는 다음과 같은 표현을 쓸 수 있다.

"처음 할 때는 다들 힘들어하는 것 같아요."

"다음에는 나보다 더 잘할 수 있을 것 같은데?"

"일주일 내내 야근하느라 고생이 많았어요."

핵심은 실수와 실패를 구분해서 카운슬링을 해야 한다는 것이다. 실수는 목표 자체가 달성할 수 있는 수준인데도 불구하고 달성하지 못한 것이다. 실수의 원인이 부주의이기 때문에 팀원이 실수를 했을 때는 명확하게 짚어 주고 피드백을 줘야 한다.

하지만 실패는 다르다. 실패는 레벨보다 더 어려운 과업이나 새로운 과업을 맡았을 때 성공하지 못한 것이다. 처음부터 잘할 수 있는 사람은 별로 없다. 그래서 이때는 위로와 공감을 통해 한 번 더 도전하도록 힘을 불어넣어 줘야 한다.

4단계: 다시 한번 코칭으로 팀원이 스스로 선택하게 하라

리더가 주도하는 대화가 끝났다면 한 번 더 코칭으로 대화를 마무리하자.

"지금까지 이야기한 것 중에 적용할 수 있는 건 뭘까요? 혹시 기대했던 답을 찾았어요?"

이처럼 대화 후에 팀원이 어떤 방식으로 일을 할 것인지를 스스로 선택하는 질문을 하는 것이다. 티칭이나 컨설팅을 했다고 하더라도 마지막 대화를 통해서 팀원이 마지막 선택을 할 수 있도록 돕자.

이 대화를 통해 팀원은 주도권을 다시 가져가게 된다. 리더가 주도하는 대화 또한 팀원이 더 나은 선택을 할 수 있도록 아이디어를 확장하기 위함이다. 대화 끝에는 "그럼 언제 다시 보면 좋을까요? 그럼 진행하면서 내가 도와줄 부분은 뭐예요?"처럼 다음 피드백과 리더의 지원 사항을 확인하면 더 좋은 대화가 된다. 정리하면, 다음 10가지에 유의하면서 대화해보자.

① 팀원이 스스로 리더를 찾아오는 대화 시간이 필요하다.

② 정기적으로 대화하는 시간을 만들자.

③ 팀원이 자신이 하고 싶은 주제를 먼저 꺼내게 하자.

④ 팀원의 고민에 긍정적인 반응을 보여주자.

⑤ 어떻게(How)보다 무엇(What)과 왜(Why)에 집중하자.

⑥ 팀원의 계획을 먼저 듣자.

⑦ 팀원의 역량에 따라 코칭, 티칭, 컨설팅, 멘토링, 카운슬링 등 다양한 리더십을 사용하자.

⑧ 일하는 방식 선택은 최종적으로 팀원이 하도록 하자.

⑨ 다음 피드백 사항을 합의하자.

⑩ 리더의 생각은 정답이 아닌, 더 나은 대안을 찾는 대화일 뿐이라는 것을 기억하자.

──────── 상시 성과 관리 대화 프로세스 ────────

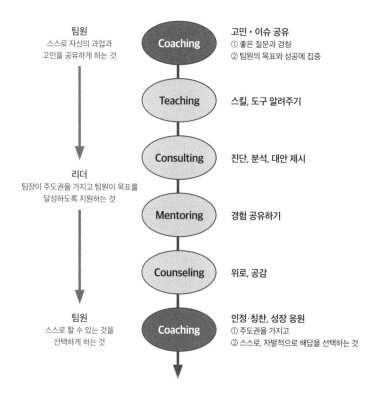

질문하는 리더가
되어라

한 TV 프로그램에서 우리나라 어린 축구 선수들이 영국에서 영국 아이들과의 축구 경기를 했다. 하프타임에 한국 코치가 선수들을 모아서 이렇게 이야기했다.

"드리블이 너무 길어. 여기서 윙으로 패스를 해야지."

그런데 영국 코치는 조금 다르게 아이들과 대화를 했다.

"우리가 잘하는 게 뭐지?"라고 코치가 묻자 아이들은 "패스요"라고 대답했다. 그런데 엉뚱하게도 한 아이가 "나는 골을 넣었어요"라고 말했다. 코치는 웃으며 그 아이를 쓰다듬어줬다. 그리고는 "패스는 어디로 해야 할까?"라고 묻자 아이들은 "빈 공간으로요"라고 답했다. 코치가 마지막으로 "어디에 공간이 있을까?"라고 묻자 아이들은 "윙"이라고 했고 다시 경기가 시작되었다.

한국 코치는 아이들의 경기를 지켜보며 평가를 했고, 잘한 부분과 부족한 부분을 지적했다. 마지막으로는 구체적인 행동을 지시했다. 이와 달리 영국의 코치는 아이들과 대화를 나눴고, 아이들은 빈 곳으로 패스를 하자고 스스로 결정을 내렸다. 이 경기의 승자가 누구인지는 중요하지 않다. 중요한 것은 이 아이들이 자라서 어떤 선수가 되느냐에 달려 있다.

한국 축구를 이야기할 때 '창의적이지 못하다'는 이야기를 한다. 창의성은 누군가가 가르쳐 주는 게 아니라 스스로 생각하는 힘을 길러야만 가능한데, 우리나라에선 아이들에게 스스로 생각하고 판단하는 힘을 길러주기보다는 당장 성적을 올리는 방법을 알려준다. 그래야 시험을 잘 볼 수 있기 때문이다.

리더십도 마찬가지다. 리더가 어떻게 대화를 이끌어 가느냐에 따라 구성원들은 스스로 생각하는 힘을 가질 수도 있고, 반대로 생각하지 않고 리더의 지시에 따르기만 할 수도 있다.

구성원들이 스스로 생각하고 문제를 해결하는 힘을 키워주기 위해서는 질문하는 리더가 되어야 한다. 이를테면 이런 질문이다.

"예상하지 못한 것은 무엇인가?"

"만약 1년 전으로 돌아간다면 무엇을 새롭게 하고 싶은가?"

이런 질문을 받게 되면 질문을 받은 구성원은 어떻게 행동할까? '나'라는 관점에서 매몰되어 생각하고 행동하던 구성원들은 다른 관점으로 생각해보고 다른 방식으로 판단한다. 관점이 확장

되면 기존과는 다른 의사 결정을 하고 일하는 방식을 바꾸게 된다. 그리고 이 변화는 결과의 변화를 만들어낸다.

반대로 평가하고 지시하는 리더와 함께 일하는 구성원들은 자신의 생각을 공유하기를 두려워한다. "내 생각에는 A가 더 좋은 것 같은데…"라고 CEO가 말하면 직원들은 "이건 대표님이 안 좋아할 거야"라고 생각하며 고객이 원하는 것보다 대표가 원하는 것을 더 좋게 평가하는 습관을 갖게 된다. 고객의 필요를 만족시키는 것이 아니라, CEO에게 좋은 평가를 받기 위해서 생각하고 일하는 충성만으로 무장하는 것이다.

한 기업은 주요 상황에 따라 다양한 질문들을 미리 준비해놓고, 리더와 구성원들이 그 질문에 대한 답을 찾는 방식으로 일한다. 그 질문은 다음과 같다.

- 조직의 전략을 설계하는 시기: '3년 후, 5년 후 이상적으로 기대하는 모습은?' '그 결과를 얻기 위한 조직 구조는?'
- 신임 리더 발령: '어떤 리더로 기억되고 싶은가?' '회사가 나에게 기대하는 역할은?' '팀원들이 나에게 기대하는 역할은?'
- 평가 시기: '누가 S급 인재인가?' '팀과 동료의 성공에 가장 큰 기여를 한 구성원은 누구인가?'

이처럼 질문하는 리더가 되어야 한다. 그 질문은 리더의 생각을 증명하는 것이 아니라, 구성원들이 스스로 생각하고 관점을 확장하는 것이어야 한다. 구성원이 스스로 생각할 수 있는 질문을 해보라. 리더의 질문이 구성원의 성장 도구가 된다.

●

중립 질문을 하자

○

리더가 잘못된 질문을 사용하면 팀원의 생각은 더 갇혀버리고 심리적 안전감을 잃어버리고 만다.

"이게 맞아?"

"난 아닌 것 같은데 어떻게 생각해?"

"해봤어? 어떻게 할 건데?"

이런 질문은 이미 리더가 옳고 그름을 판단한 '닫힌 질문'이다. 이런 질문을 받게 되면 팀원들은 '리더의 생각'을 읽으려고 노력한다. 더 좋은 생각, 문제를 해결할 수 있는 아이디어를 생각하는 것이 아니라 리더가 좋아할 만한 답을 찾는다. 생각의 확장을 막거나, 특정 부분으로 생각이 쏠리게끔 하는 질문은 나쁜 질문이다.

반대로 좋은 질문은 생각을 더해 가는 질문이다. 질문을 받은 사람이 이전에는 생각하지 못했던 관점에서 생각하고, 더 다양한 생각들을 풀어낼 수 있도록 해주는 질문이 좋은 질문이다.

'중립 질문'을 사용하자. 중립 질문을 다른 말로 '열린 질문'이라고도 하는데 질문을 받은 사람이 스스로 평가하고 생각을 확장하며 서술형으로 답변할 수 있는 질문을 의미한다.

구분	중립 질문(열린 질문)	평가 질문(닫힌 질문)
정의	판단과 평가가 들어가 있지 않은 질문	관점/방향이 뚜렷하게 정해진 질문
효과	팀원의 생각을 확장하는 데 사용 팀원이 서술형으로 답변	리더의 생각을 찾아내는 데 사용 팀원이 단답형으로 답변
목적	다양한 관점, 생각을 통해 더 좋은 대안을 찾기	일사불란한 일하는 방식
약점	대화 시간이 오래 걸릴 수 있고, 합의가 안 되면 대화가 겉돌 수 있음	다양한 생각과 관점의 확장이 막히거나 소수 혹은 한 사람의 의견이 전부가 될 수 있음

중립 질문의 목적은 팀원에게 주도권을 부여하고 스스로 생각할 수 있는 힘을 기르도록 돕는 것이다. 매번 리더가 구체적인 피드백을 전달하면 팀원들은 스스로 고민하고 더 나은 방법을 생각하지 않는다. 리더의 입만 바라보고 있기 때문이다.

내가 제안하는 리더십의 방향성은 구성원 개개인에게 자율성과 권한을 먼저 주는 것이다. 물론 이런 리더십에 긍정적으로 반응하는 팀원이 있고, 부정적으로 반응하는 팀원도 있을 것이다. 중립 대화로 시작해 팀원이 긍정적인 행동을 한다면 지속해서 팀원에게 주도권을 넘겨줘도 된다.

하지만 반응하지 않거나 더 이상 학습하지 않으려는 팀원에게는 중립 질문 이후 리더가 주도권을 가지고 좀 더 빠르게 평가하고 지시하는 것도 좋다.

팀원들의 저항감을 줄이는 중립 대화

○

이런 질문을 받은 적이 있다.

"신뢰 관계가 구축되더라도 즉각적으로 피드백을 하면 팀원은 마이크로 매니징이라고 느끼지 않을까요?"

'즉각적'으로 피드백한다는 것은 '지금 당장'이 아니라 '서로의 행동을 구체적으로 기억할 때'를 말한다. 한참 지난 뒤에 피드백을 하면 '제가 그렇게 행동했어요? 기억이 안 나요'라고 할 수 있기 때문이다.

즉각적인 피드백을 마이크로 매니징이라고 생각하지 않게 하려면 리더가 평가하는 피드백이 아니라, 구성원이 스스로 생각하게 만드는 피드백을 하는 게 좋다. 이때 중립 질문을 활용해보자.

예를 들어 팀원이 구성원들 앞에서 프레젠테이션을 했다고 해보자. 일반적으로 우리는 '부족했던 부분을 리더가 먼저 이야기하는 피드백 대화'를 한다. 그런데 조금 다르게 질문으로 피드백 대화를 이끌어보자.

"지금 발표에서 만족하는 부분과 아쉬웠던 부분은 뭐예요?"

이 질문을 받은 팀원은 자신의 프레젠테이션을 스스로 피드백할 수 있다. 발표를 준비하는 과정에서 본인이 노력했거나 잘했다고 생각하는 부분과 함께 부족하고 아쉬웠던 부분을 이야기하게 된다.

이것이 바로 중립 질문을 활용한 중립 대화다. 리더가 '잘했다, 못했다'라는 판단과 평가를 넣지 않은 질문을 팀원에게 던지고 팀원이 자신의 생각을 온전히 이야기할 수 있도록 조금은 편안한 대화 환경을 조성하는 것이다.

리더는 팀원의 피드백을 듣고 동의되는 부분에 대해서는 "저도 그 부분에 대해 동의해요. 먼저 이야기해 줘서 고마워요"라고 인정해주면 된다. 만약 팀원의 피드백 속에 리더가 꼭 해주고 싶은 피드백 내용이 빠져 있다면 "내 생각을 공유해도 될까요? 나도 한 가지 피드백을 주고 싶은 내용이 있는데 들어볼래요?"라고 말하며 팀원의 동의를 구하는 질문을 해보는 것도 도움이 된다. 이때 "아니요"라고 말하는 팀원은 거의 없을 것이다.

리더가 평가하는 단어를 사용하며 피드백을 전할 수도 있다. "이 부분은 A보다 B가 더 나았을 거예요. B로 해보세요"라고 말이다. 이 대화의 강점은 빠른 시간에 리더가 기대하는 모습으로 행동이 바뀔 수 있다는 것이다. 하지만 단점이 있다. 그건 바로 팀원이 리더의 피드백에 저항할 수 있다는 것이다.

피드백이 긍정적 효과를 발휘하기 위해선 피드백을 받은 사람의 행동이 바뀌어야 한다. 즉 리더의 피드백을 받고 팀원의 행동이나 일하는 방식 중 하나가 바뀌어야 좋은 피드백이다. 그런데 리더의 평가가 반영된 피드백을 듣고 팀원이 저항하게 되면 팀원의 실행률은 떨어질 수밖에 없다. 아무리 좋은 메시지라 하더라도 피드백이 행동의 변화를 이끌어낼 수 없다면 의미 없는 시간을 소모한 것에 불과하다.

중립 질문을 통한 피드백은 팀원의 저항을 조금이라도 줄이도록 돕는 대화다. 물론 중립 질문을 통해 피드백 대화를 하게 되면 대화가 길어지기도 하고, 팀원에게 구체적이고 명확한 피드백 메시지를 전하지 못할 수도 있다. 하지만 팀원은 지적받았다고 생각하는 저항감이 상당 부분 줄어들게 되고 이를 통해 자신의 부족함을 조금이라도 더 인정하게 된다.

중립 질문을 하며 팀원에게 스스로 피드백할 기회를 주었지만 부족함의 원인을 자신이 아닌 외부에서 찾는 등 변명을 한다면, 그때는 리더가 구체적으로 피드백을 전하면 된다. 피드백이 행동 변화에 기여하는 게 더 중요하기 때문이다.

중립 대화를 한다고 해서 항상 팀원이 리더가 전하고자 하는 메시지를 명확하게 이해하는 건 아니다. 팀원은 어디까지나 자신이 가진 지식과 경험, 그리고 그의 입장에서 리더의 피드백을 이해할 것이다.

따라서 피드백 대화를 마치기 2~3분 전에 마지막 질문을 던져 보자. "불편한 피드백 대화를 하면서 솔직하게 이야기해 줘서 고마워요. 지금 대화한 내용에 대해서는 어떻게 정리해 볼 수 있을까요?" 또는 "어떻게 할 계획이에요?"라고 말이다.

이 질문을 받은 팀원은 피드백 대화를 통해서 본인이 이해한 부분을 이야기할 것이다. 그리고 그 내용이 리더의 생각과 맞는다면 "그렇게 생각해줘서 고마워요"라고 인정해 주면 된다. 만약 다르다면 "아까 제가 중간 피드백 미팅을 하자고 했었잖아요. 이건 언제 하면 좋을까요?"처럼 리더가 팀원에게 기대하는 행동을 구체적으로 이야기해 주면 된다.

이처럼 팀원과 리더의 관점을 맞춰서 향후 리더가 기대하는 행동과 팀원의 변화를 맞춰보자. 매번 중립 질문을 통해서 피드백 대화를 이끌어 갈 수는 없겠지만, 그래도 자주 중립 대화에 도전하길 권한다.

●

기분 나쁘지 않게 피드백할 수 있을까?

○

"직원의 기분이 상할까 봐 혹은 저에게 나쁜 이미지가 생길까 우려되어 부정적 피드백을 제시하는 것이 어렵습니다."

리더 중에는 이렇게 말하는 사람이 적지 않다. 하지만 부정적인 피드백은 화자가 의도하지 않더라도 우회적으로 표현되기 마련이다.

감정을 다치지 않게 솔직한 피드백을 전달하는 것은 어렵다. 피드백을 명확하게 전달한다는 의미는 '피드백을 전달하는 리더의 메시지와 팀원이 이해한 피드백 내용이 같다'는 의미다. 그런데 리더가 솔직한 피드백을 전달하지 못하면 팀원은 피드백을 다르게 이해할 수밖에 없다.

부정적 피드백은 누구에게나 불편감을 준다. 그러나 불편감을 있는 그대로 수용해야 한다. 구성원의 성장을 위해선 적확한 부정적 피드백 제시를 통해 올해 성과와 역량 개발에 대한 부족한 점과 보완책을 함께 고민해야 한다. 따라서 '욕먹는 리더가 되어서는 안 돼'라는 목표보다는 그 불편감을 줄이는 대화 스킬에 집중해보자.

먼저 평상시에 서로의 성장을 위해서 피드백을 사용한다는 것을 자주 이야기하자. 평가와 피드백 대화 시간은 공식적인 자리임을 인지시킨 후, 개인적 감정이나 관계를 배제한 공적인 평가 결과임을 언급하자. 개인적 감정이 아닌, 팀장으로서 회사에서 정한 기준에 맞게 역할을 수행한다는 의미를 전하는 것이다.

그리고 피드백을 전달할 때 중립 질문을 통해 팀원이 먼저 자신의 생각을 이야기할 수 있도록 해주면 좋다. 리더의 의견은 그다음에 해줘도 충분하다. 먼저 팀원의 이야기를 듣고 리더가 "○○님의 생각과 비슷해요"라며 동의를 해 줄 수도 있고, "○○님 관점에서는 그렇게 생각할 수 있을 것 같아요. 그런데 제가 조금 다른 관점을 공유해 볼게요"라며 리더의 생각을 공유해볼 수도 있다.

마지막으로 피드백을 전달하고 나서 "제 피드백에 대해 ○○님은 어떻게 생각하세요?"라며 리더가 판단한 내용을 전하기보다는 팀원의 의견을 되묻자. 피드백을 전달하는 것이 아니라 대화로 서로 동의하는 부분을 찾아가는 것인데, 이렇게 하면 조금은 덜 불편한 피드백을 할 수 있다.

피드백을 잘하고 싶다면
전문성을 키워라

피드백을 잘 못하겠다고 이야기하는 사람이 많다. 그래서 피드백 스킬, 마인드셋, 대화 방식을 고민한다. 그것도 맞다. 이 또한 꼭 학습해야 한다. 그러나 가장 중요한 것은 '전문성'이다. 팀원들은 팀장이 전문성을 갖추고 있다고 생각한다. 그런데 의외로 기본적인 전문성을 갖추지 않은 리더가 많다.

아무리 훌륭한 스킬과 마인드로 무장했다 하더라도 전문성이 없으면 변화를 이끌어내기 힘들다. 이때 필요한 전문성은 내 지식뿐 아니라 다른 사람의 지식까지 포함한다. 다양한 관점에서 일하는 방식과 성과의 연결점을 찾아야 하는 것이다.

전문성은 리더 스스로 찾아야 한다. 이때 중요한 것은 SF(Success

Factor)와 CSF(Critical Success Factor)를 최대한 찾아보는 것이다. 이를 위한 방법이 몇 가지 있다.

- A급 직원들이 일하는 방법을 기록해 보자. 그 안에서 개인별 노하우를 찾을 수 있다.
- 팀 워크숍을 통해 '목표별 가장 좋은 방법'을 토론하며 정리해 보자. 그 과정에서 서로의 다른 경험들을 공유할 수 있다.
- 외부나 타 기업의 일하는 방식과 노하우를 묻고, 배워 보자. 강의, 멘토링, 커뮤니티 모임에 정기적으로 참석하는 등 다양한 방법들로 외부 CSF와 SF를 배울 수 있다.
- 잠시 전문가를 파트타임으로 고용해 보자. 그 전문가에게 티칭과 컨설팅, 멘토링 과업을 부여하면서 그의 지식과 경험을 가져올 수 있다.
- 월·분기·반기·연간으로 팀원들의 성공 사례와 실패 사례를 공유하는 시간을 가져보자. 이 사례들이 모이고 쌓이면 그것이 바로 다양한 CSF와 SF가 된다.
- 책, 동영상, 아티클 등을 팀원들과 함께 보고 그 안에서 가장 좋은 방법을 찾아보자.
- 팀장의 개인 노하우를 강의안으로 만들어보자. 깅의안은 매뉴얼이나 체크리스트가 될 수도 있다. 가르치고 멘토링을 하는 과정에서 무의식적으로 쓰던 CSF와 SF를 구조화할 수 있다.

●

똑똑한 직원들을 모아놓고
바보 같은 결과물을 만들어내는 법

○

한 기업의 CEO와 코칭 세션을 하던 중이었다. CEO는 입사했을 때는 똑똑하고 일 잘하던 직원이었는데 시간이 흘러 전혀 다른 모습으로 변하는 걸 많이 본다며 답답해했다.

어떤 조직에는 '이게 가능해?'라고 생각할 정도로 뛰어난 사람들이 모여 있다. 그런데 그에 비해 뛰어난 성과와 결과물을 만들어내지 못하는 경우가 많다. 비즈니스 모델이나 외부 요소의 영향을 감안하더라도 말이다. 반대로 경력이나 경험이 부족한 사람들이 모여서 탁월한 결과를 만들어내는 조직이 있다.

그 차이를 만드는 건 우선 리더의 탁월함이다. 풍부한 지식과 인사이트를 가진 리더는 평범한 직원들도 잘 관리해 성과를 만든다. 그 외에 다른 요인도 있다. 다른 생각을 자유롭게 이야기할 수 있으며, 구성원의 실패와 실수, 모르는 것을 언제든지 공유할 수 있는 분위기다. 한마디로 말해 구성원들이 심리적 안전감을 가질 수 있는 조직 문화다.

반대로 똑똑한 사람들에게 새로운 생각, 기존과는 다른 생각을 할 수 있는 기회를 빼앗으면 바보 같은 결과물이 나온다. 그들의 다양한 아이디어와 의견들을 무시하고, 말하지 못하도록 만드는 조직에서는 성과를 기대할 수 없다.

구성원들에게 심리적 안전감을 주기 위해 리더는 두 가지 생각을 가져야 한다. 첫째는 내가 가진 지식과 경험이 정답은 아니고 더 나은 방법이 있을 수 있다는 것이다. 둘째는 과거의 성공 방식이 현재와 미래의 성공 방식은 아니라는 것이다.

리더는 끊임없이 외부 사람들을 만나서 나와는 다른 그들의 지식과 경험, 방법을 학습해야 한다. 우리 회사에는 없는 지식과 경험을 가진 외부 인재를 영입해야 한다. 직원들이 의견을 자유롭게 이야기할 수 있는 환경을 만들어야 한다. 리더인 나도 전부 다 아는 것은 아니며 때론 실수하고 실패한다는 이야기를 자주 해야 한다.

나만의
성공 방정식을 찾아라

'매출 공식'이라 부르는 이론이 있다. 이는 '유동인구×입점률×구매율×객단가×재구매율=매출'이라는 아주 간단한 공식이지만, 이 공식에는 무한대의 변수가 있다. 가두점과 온라인이 다르고, 백화점과 아웃렛이 다르다. 고객이 다르고, 상품이 다르고, 서비스 등등이 다르기 때문이다.

예를 들어 패션 브랜드에서의 구매율만 하더라도 상품을 행거에 걸어둘 것인지, 마네킹에 입혀서 윈도에 놓을 것인지 등에 따라 달라진다. 동일한 제품을 여러 개 진열할 때도 어떻게, 몇 벌을 겹쳐 놓느냐에 따라 구매율이 달라진다. 그 밖에 구매율을 올리기 위해 할인을 할 수도 있고, 가격을 잘 보이게 태그를 붙이는 경우도 있다. 아주 사소한 작업도 구매율에 영향을 준다.

그렇게 하루 구매율을 5% 올려서 매출 50만 원을 추가할 수 있게 되었다고 해보자. 하루 50만 원은 한 달이면 1,500만 원, 1년이면 1억 8,000만 원이다. 그런 매장이 만약 100개라면 180억 원이라는 추가 매출을 올리는 것이다.

마찬가지로 우리가 하는 모든 직무와 목표에도 이러한 매출 공식을 대입해볼 수 있다. 특히 회사와 팀마다 중요하게 여기는 자신들만의 매출 공식이 있다.

SF(Success Factor, 성공 요인)는 직무 또는 목표에 따라 필요한 성공 요인을 뜻한다. 앞의 예에서 유동인구, 입점률, 구매율, 객단가, 재구매율과 관련된 모든 활동이 SF가 되는 것이다.

●

나만의 매출 공식

○

구성원들의 성과를 관리하기 위해서 리더가 해야 할 가장 중요한 활동은 직무와 목표별 SF를 정리하는 것이다. 이것을 '성공 방정식'이라고 부른다.

1인 기업을 운영 중인 내 경우에도 이러한 매출을 만들어내는 공식이 따로 있다. 나는 강의, 코칭, 출간, 컨설팅을 주로 하고, 그 결과가 바로 매출이 된다.

그런데 일반적인 강사나 코치들과는 성공 방정식이 많이 다르다. 내 SF는 '글쓰기×구독자 수×저녁 식사 횟수×HR 멘토링× 개인 연락=매출'이라는 뜬금없는 공식이 형성되었다. 사실 나는 강의, 코칭을 위한 영업을 따로 하지 않는다. 그런데 사업을 시작하고 2개월 차부터는 쉬는 시간을 찾기 힘들었고 만 3년이 넘은 지금은 더 바쁘다. 다른 사람들과는 다른 방식으로 매출을 만들어내고 있기 때문이다.

나의 SF는 크게 5가지다. 매일 SNS에 업로드하고, 매주 뉴스레터를 발행하고, 6개월마다 책을 출간하고, 매체에 연재하는 글쓰기가 첫 번째다. 이를 바탕으로 SNS 및 뉴스레터의 구독자를 늘리는 것이 두 번째다. 구독자와 매출이 연결되는 이유는 내가 영업을 하지 않는 대신에 내게 먼저 강의와 코칭을 요청하는 사람의 절반 이상이 SNS를 통해 연락을 주기 때문이다. 나에게는 글쓰기가 영업이라고 해도 무방하다.

또 우연히 찾은 내용인데, 저녁 식사를 한 횟수와 매출이 연결이 되기도 한다. 1년간 내가 사용했던 시간들을 분석하다가 우연치 않게 알게 된 사실이다. 보통은 술자리에서 연결되지만 나는 술을 안 마셔서 저녁 식사로 채워 넣었다. 이를 예기치 않은 성공 인사이트라 부른다. 내 계획 속에 없었던 우연한 성공 말이다.

나는 HR 특히 HRD가 탁월한 조직은 쉽게 무너지지 않고 지속해서 성장할 수 있다고 믿는다. 그래서 퇴사했지만 HR·HRD 영역에서 일하는 많은 후배·동료의 성장을 돕는 멘토링도 자주 한다. 기대했던 부분은 아니었지만 감사하게 이들이 나를 좋아하는 아주 단단한 팬이 되어준다. 이유는 내가 그들의 성장과 성공을 돕는 회사 밖 선배의 역할을 하고 있기 때문이다.

마지막으로 개인 연락이다. 지난해에도 600명 가까운 사람에게 생일 축하 연락을 했다. 그들 중에 매출로 연결된 사람은 몇 %일까? 세보지도 않았고 이후로도 계산해 보지는 않겠지만 나는 그렇게 1년에 한 번 인사를 먼저 하는 사람들이 나를 한 번 더 떠올리며 다른 사람들에게 소개해주고 있지 않을까 생각한다.

내가 하는 일이 무엇이든 나만의 매출 공식을 가지고 있어야 한다. 누구나 다 하는 것 말고, 나만의 공식으로 말이다. 그게 나를 브랜딩해주는 강력한 도구가 된다.

●

나의 강력한 한 방은 무엇인가?

○

그런데 SF에서 끝나면 남들과 차별화된 성공을 거둘 수 없다. 이때 필요한 것이 바로 CSF다. CSF(Critical Success Factor, 중요 핵심 요인)는 SF 중에 가장 강력한 한 방을 의미한다. CSF는 팀마다, 개인마다 다를 수 있다. 동일한 사람이 동일한 목표를 가졌더라도 시기에 따라 CSF가 다를 수 있다.

예를 들어, 창업 초기에 내가 가지고 있던 CSF는 '매일 글쓰기'였다. 이유는 매일 SNS에 쓴 글을 보고 DM으로 강의와 코칭을 요청하는 의뢰가 70% 정도였기 때문이다. 그래서 매일 글쓰기를 지속하게 되었다.

창업 2년 차에도 동일했을까? 아니다. 당시에는 뉴스레터를 중요하게 여겼다. 뉴스레터 구독자가 2,000명이 넘어가면서 뉴스레터를 통해 연결되는 회사가 많아지기 시작했기 때문이다.

지금은 또 다르다. 지금도 매일 글쓰기와 주간 뉴스레터는 내게 중요한 활동이다. 하지만 이제는 그보다 더 중요하게 시간을 투자하는 것이 있다. 바로 HR·리더들과의 저녁 식사와 멘토링이다. 이렇게 만난 리더들은 나와 비즈니스로 연결되었고, 다른 기업에 나를 적극적으로 소개해주기도 했다.

단지 식사를 했기 때문이 아니다. 그 시간 동안 대화를 통해 내가 가진 지식, 경험, 노하우를 알게 되었기 때문이다. 그들은 백종화를 소개한 것이 아니라 백종화의 지식과 경험, 전문성을 소개한 것이다.

내 CSF가 변화하는 이유는 간단하다. 이전 CSF가 너무 익숙해졌기 때문에 더 좋은 CSF가 필요했고 내가 몰랐던 CSF를 찾았기 때문이다.

동일한 방식으로 성과를 내는 경우를 자주 볼 수 있다. 한 팀, 같은 부서, 같은 직무에서 비슷한 패턴으로 일을 하고 성과를 만들어낸다. 그래서 신입사원이 들어오거나 경력직이 들어오면 똑같은 방식을 교육해서 성과를 만들어낸다. 그런데 이렇게 해서는 탁월한 성과를 만들어내지 못한다.

성과를 관리한다는 말은 이번 성과 목표를 어떤 SF와 CSF에 집중할 것인가를 설계하는 것이다. SF와 CSF가 바뀌면 당연히 팀원의 일하는 방식과 시간 사용이 달라진다. 그리고 그 결과는 성과로 연결된다.

만약 리더가 팀의 업무에서 10개의 SF를 알고 있다고 해보자. 그렇다면 팀원들에게 줄 수 있는 피드백의 내용은 10개밖에는 없다는 의미이기도 하다. 일하는 방식에서 얻을 수 있는 것이 바로 SF이기 때문이다. 그런데 리더가 다양한 피드백과 학습을 통해 50개의 SF를 알게 되었다면, 그리고 그 SF들을 가르치거나 멘토링할 수 있는 준비가 되어 있다면 어떨까? 팀원들은 더 많은 상황에서 적절한 피드백을 받게 될 것이다. 그리고 그 피드백은 일하는 방식의 변화와 함께 더 나은 결과를 만들어 내는 성과를 보여줄 테고 말이다.

Feedback

4장

성과를 만드는 피드백

성과 관리
프로세스란?

조직에서 일을 한다는 것은 개인의 지식과 경험을 활용해서 시간과 노력을 투자하여 특정한 결과물을 만들어낸다는 의미다. 그럼 누가 일을 잘하는 구성원이 될까? 가치 있는 결과물을 만들어내는 구성원이다. 그럼 가치 있는 결과물이란 어떤 결과물일까?

가치 있는 결과물에 대해 판단하기 위해서는 성과 관리 프로세스를 이해할 필요가 있다. 성과 관리 프로세스란 조직이 가지고 있는 유한한 자원(돈, 시간, 사람, 장비 등)을 어디에 사용할 것인가를 결정하고 어떤 방식으로 운영할 것인가를 보여 주는 일련의 과정이다.

조직에서는 일반적으로 3가지 프로세스로 운영하는데, 조직 목표 세팅, 개인 목표 세팅 및 실행 그리고 평가 피드백으로 구성되어 있다.

1. 조직 목표 세팅

회사와 본부, 그리고 팀 단위까지 목표를 얼라인하는 것으로, 가장 작은 단위의 팀까지 회사의 목표에 기여할 수 있도록 한다.

2. 개인 목표 세팅·실행

가장 작은 단위인 팀(또는 파트)의 목표와 구성원 개개인의 과업을 연결하는 것이다. 팀의 목표와 개인의 과업이 얼라인되었다면 이제부터는 실행 – 결과물 확인 – 피드백 과정을 거치게 된다.

3. 평가와 피드백

마지막 단계는 평가와 피드백이다. 일반적인 기업은 1년, 또는 반년 단위로 프로세스 기간에 회사, 본부 그리고 팀과 개인이 어떤 결과물을 냈는지 기록하고 평가한다.

성과 관리 프로세스를 통해 개인의 평가 기준이 어디를 향해야 하는지를 알 수 있다.

평가는 협상의 대상이 아니다

○

12월 평가 시즌이 되면 많은 리더들과 만나 평가와 관련된 이야기를 나눈다. 그때마다 내가 반복해서 전하는 메시지는 "평가는 협상의 대상이 아닙니다"이다. 리더들은 평가를 하고 팀원들과 결과를 공유하며 대화를 나눌 때 동의와 이해를 구하려고 노력하는 경우가 많다. 그러나 동의와 이해를 구하는 평가는 '리더와 회사가 잘못된 평가를 했다'는 것을 인정하는 것밖에는 되지 않는다. 구성원들에게 동기부여를 해주지도 못하고, 변화를 이끌지도 못하는 대화가 되어버린다.

평가에는 명확한 기준과 원칙이 있다. 아니, 있어야 한다. 회사에서 정한 프로세스와 시스템이 있고, 팀장이 중요하게 여기는 기준과 원칙이 있다. 평가를 협상이자 팀원의 이해를 구하는 대화로 생각할 경우 이 기준이 무너지게 되고 리더십은 사라진다.

평가는 리더의 관점이다. 리더가 중요하게 여기는 목표, 결과, 기준, 원칙이 무엇인지를 구성원들과 공유해야 한다. 다만 리더가 정답이 아니고, 리더가 보지 못한 부분이 있기에 구성원의 관점을 듣고 수정할 수는 있다. "○○님은 ×× 이 더 중요한 과업이라고 생각한 거네요. 그 부분은 제가 고민해보지 못했던 부분인데, 일리가 있네요"라고 리더가 자신이 보지 못했던 것을 말할 수도 있어야 한다.

하지만 평가 결과가 나온 후 수정하는 것은 쉽지 않다. 그래서 평소 2~3개월 단위로 피드백 세션을 거치며 리더가 중요하게 여기는 기준과 원칙, 과업과 결과를 공유하고 팀원의 관점도 반복해서 들어야 한다. 그래야 관점의 차이가 줄어든다.

평가는 싸우자는 것이 아니다. 평가는 협상하고 이해를 구하는 것도 아니다. 1년이라는 시간 동안 리더의 관점에서 우리 팀에 가장 크게 기여한 구성원이 누구인지를 찾는 시간이다. 팀원 입장에서는 내가 가장 기여한 과업이 무엇인지를 알리고 공유하는 시간이다. 또 내년에는 어떤 목표에 도전해볼지 방향성을 합의하고 우리 팀에서 가장 탁월한 인재가 누구인지 서로가 인지하는 것이다. 이를 통해 어제보다 나은 내일을 준비하는 것이 바로 평가를 하는 이유이자 목적이다.

●

평가는 전단지가 아니다

○

최근에 만나는 기업의 직원들에게서 이런 이야기를 들었다.

"지금까지 평가 결과를 가지고 리더와 대화를 나눈 적이 없었어요. 그저 A가 나왔다, 내년에도 잘 부탁한다, 또는 올해는 C니까 내년에는 잘해보자 정도로만 이야기해요."

이 회사의 리더는 구성원들에게 평가 결과를 전단지 나눠주듯 던져주고, '받으려면 받고 싫으면 말고'의 태도를 보였던 것이다.

이는 회사의 시스템과 문화가 부족하기 때문이다. 리더의 실수라기보다는 HR의 실수이자, 경영진이 평가를 중요하게 여기지 않았다는 것으로 해석할 수밖에 없다.

평가를 중요하게 여기지 않는 조직들의 특징을 보면, 사람의 성장보다 제품과 비즈니스 모델에 대해 신경을 쓰는 경향을 보인다. 직원은 누가 됐든, 제품과 서비스가 좋으면 된다는 것이다.

이것은 과거 고속 성장하는 산업에서는 가능한 시나리오였지만 지금은 판이 바뀌었다. 우리 회사를 다니는 구성원들이나 취업을 준비하는 취준생들에게도 회사와 리더십에 대한 많은 정보가 공유되고 있는 요즘, 평가를 전단지 나눠주듯이 하는 회사가 과연 얼마나 우수한 인재를 채용하고 유지할 수 있을까? 전단지 문화가 유지되고 있는데 과연 3년, 5년 후에도 탁월한 인재가 이 회사에 오려고 할까?

평가는 구성원들에게 "우리 회사에서 S급, A급은 이렇게 일하는 사람입니다"를 알려주는 강력한 메시지다. 그리고 그렇게 일하는 사람들에게 더 기회와 보상을 준다는 메시지이기도 하다. 따라서 S급과 A급에 해당하는 구성원들에게 매우 큰 동기부여를 줄 수 있는 구조가 필요하다. 이를 위해 법과 제도도 뒷받침되어야 한다.

안정적인 것도 좋지만, 회사가 성장을 위해 탁월한 인재와 탁월하지 않은 인재를 구분하고 언제든지 탁월한 인재에게 보상할 수 있는 구조, 더 나음을 포기한 직원에게 페널티를 줄 수 있는 구조가 필요하다.

우리나라만큼 리더십 난이도가 높은 나라도 없다. 미국의 경우 역량과 성과 부족으로 인한 해고가 꽤 자유롭다. 더 나은 결과를 만들기 위해 노력하지 않는 팀원, 자신에게 주어진 과업을 반복해서 제대로 수행하지 못하는 팀원, 부정적인 말과 행동을 반복하며 팀에 나쁜 에너지를 주는 팀원과 언제든지 헤어질 수 있다.

그래서 그곳에서의 리더십은 우리보다 간단하다. 레벨에 맞는 결과와 영향을 주는 팀원에게 좋은 평가를 주고, 그렇지 못한 팀원에게 나쁜 평가를 주는 것이다. 그리고 C 레벨의 직원에 대한 고민은 하지 않아도 된다. 그런데 우리나라에서는 팀장들에게 C 레벨까지 관리하며 그들을 B 레벨이 되도록 리더십을 발휘하라고 요구한다. 의지가 없는 팀원들에 대해서도 말이다.

이런 상황을 보완하기 위해 회사가 조금 더 객관적인 평가를 할 수 있는 제도를 만들어 보면 어떨까? 리더와 구성원 간의 수직적 관리가 아닌 동료들 서로가 수평적으로 비교할 수 있는 문화와 제도를 꿈꾼다.

어떤 구성원에게
더 높은 평가를 해야 할까?

셀프 리뷰(Self Review)는 스스로를 평가하면서 직장 안에서 나를 브랜딩하는 방법이기도 하다. 다음 두 직원의 셀프 리뷰를 보자.

직원 A

고객들이 기존 콘텐츠 콘셉트에 지쳐 있을 때, 다양한 시도를 위해 기존에 하지 않았던 인플루언서 인터뷰 같은 영상을 도전해 보려고 했음! 현재 진행하고 있는 일, 그리고 진행 예성인 부분들에 대해 공유하려고 함. 스스로 시간적인 부분에서나 관리 부분에 있어서 리스크 관리를 잘 운영하지 못한 느낌이라 보완 예정.

직원 B

'새로운 마케팅을 통한 A급 프로덕트 5개 개발'이라는 팀의 목표를 달성하기 위해 과업을 수행함에 있어 주도적으로 이해관계자와 협업하며 고객사에서 원하는 3개의 새로운 프로덕트를 만들어냈다. 이때 만족했던 고객사가 재계약을 요청하면서 추가로 2년 매출을 확보했다.

이러한 성과는 신규 시장 진입에도 긍정적 영향을 미쳐 팀 목표인 ○○억 매출 중 약 30%에 기여했다고 생각한다. C 업무를 실시할 예정이었으나 예산 및 비용 등의 문제로 실시하지 못한 부분은 아쉬운 점이다.

이 과정에서 예산 컨펌이 나지 않았을 때 플랜 B를 준비했어야 하는데, 이 부분을 놓치고 하지 못했다. 현재는 예산 문제가 해결되어 6월 안으로는 개선 조치하여 계획에 합의하고, 7월까지는 목표로 했던 ○○○을 완성할 수 있도록 실행할 예정이다.

추가로 하반기에는 팀의 새로운 목표인 ○○○과 얼라인된 B 업무를 함께 해보고 싶다. B 업무는 현재 팀 관점에서도 전담하는 인원이 없어서 진도가 나가지 않고 있지만, 다음 시즌까지는 어느 정도 진도가 나가야 다음 전략을 수행할 수 있기 때문에 필요하다고 생각한다.

이를 위한 장애물에는 내외적인 요소가 있다. 내적인 부분으로는 업무 관련 지식 및 스킬 부족이 있어, 최신 트렌드와 시장 분석 등을 통해 제품 스터디를 할 예정이다. 외적인 부분으로는 잦은 출장과 고객과의 커뮤니케이션을 통해 극복해야 한다. 팀장님이 매주 1번씩만 함께 아이디어 회의를 하고 지지해준다면 더 도움이 될 것 같다.

A와 B 중에 어떤 구성원에게 더 좋은 평가를 주게 될까? 그리고 다음 시즌 리더의 시간과 팀의 자원을 누구에게 더 집중할까?

앞에서 설명한 내용을 반영해서 셀프 리뷰를 기록한 B다.

리더와 회사가 모든 구성원을 따라다니며 기록하고 관리할 수는 없다. 따라서 평가에서 가장 중요한 것은 구성원 스스로 자신을 브랜딩하는 것이다. 셀프 리뷰가 바로 그 수단이다.

이때 생각해야 할 것은 내가 아니라 팀과 회사다. 내가 과거에 팀과 회사에 어떤 기여를 했는가? 미래에 팀과 회사에 어떤 기여를 할 것인가? 이 두 가지 질문에 대한 답을 매일, 매주, 매달 기록해보면 좋겠다. 기록하지 않는다면 관리할 수 없기 때문이다. 셀프 리뷰는 1년에 1, 2번 하는 것이 아니라 우리가 일을 하는 매 순간 해야 하는 것이다.

●

휴직한 직원에게는 어떻게 성과 평가를 해야 할까?

○

휴직을 마치고 복귀한 팀원에게 어떤 평가를 해야 할까? 평가 시즌이 되면 수없이 받는 질문이다. 대부분의 팀장은 "휴직 후 아무리 열심히 일한다고 해도, 그동안 쉬지 않고 함께 일한 팀원들에게 더 좋은 평가를 줄 수밖에 없어요"라고 말한다.

그러나 기간이 짧기 때문에 좋은 평기를 줄 수 없다는 말은 변명일 뿐이다. 회사가 평가를 할 때 중요하게 여겨야 하는 건 결과물과 영향력이다. '누가 오래 일했나? 누가 일찍 출근했나?'가 아니라 결과물과 영향력의 크기가 기준이어야 한다는 것이다.

따라서 휴직하지 않은 직원이 어떤 성과를 냈는지, 그 결과물이 팀의 목표와 결과에 어떤 영향을 줬는지를 판단한 후 휴직 후 복직한 직원이 근무 기간에 만들어낸 결과물을 비교해봐야 한다. 휴직했던 직원의 성과가 더 좋다면 계속 근무한 직원보다 복직한 직원에게 더 높은 평가를 해야 한다. 그래야 구성원들이 성과에 조금 더 몰입할 수 있기 때문이다. 물론 6개월을 근무한 직원보다 1년을 근무한 직원의 성과가 더 클 가능성이 높겠지만 말이다.

성과와 다르게 역량의 기준은 동일한 기간, 결과물의 크기가 기준이 된다. 그래서 위의 사례에서 역량을 평가할 때는 동일한 기간인 6개월을 기준으로 비교해봐야 한다. 이때 성과를 나타내는 결과물과 업무 스킬을 보여 주는 역량을 다르게 평가할 수 있다. 예를 들어 1년 근무한 A는 높은 성과 평가와 함께 중간 정도의 역량 평가 결과를 받은 반면, 복직 후 6개월 근무한 팀원은 성과 평가가 낮지만 역량 평가는 높게 받을 수 있다. 역량이 높다는 말은 동일한 기간, 환경에서 일을 할 때 더 큰 결과물을 만들어 낼 수 있음을 의미한다. 회사에서 역량을 높게 평가했다는 건, 곧 그 사람에게 거는 기대가 크다는 뜻이다. 그렇다면 복직한 팀원은 내년에 더 큰 성과와 결과를 위해 노력할 동기를 얻게 된다.

성과 평가는 구성원들이 예측할 수 있어야 한다. 오래 근무한 직원이 평가를 잘 받을까, 일을 더 잘하는 직원이 평가를 잘 받을까? 자기 일만 열심인 직원이 평가를 잘 받을까, 팀과 동료의 과업을 도와주며 함께 성공하려고 노력하는 직원이 더 좋은 평가를 받을까? 이런 평가 기준을 구성원들이 예측할 수 있어야 회사가 추구하는 방향으로 일할 것이다.

●

승진에서 누락된 팀원의 성과 평가는 어떻게 해야 할까?

○

전에 승진자 교육 워크숍을 진행할 때의 일이다. '승진의 의미'라는 주제로 조별 토론을 하던 중 한 참석자가 이렇게 말했다.

"저희 회사는 연차가 차면 승진을 해요."

일을 잘하는 사람이 승진하는 게 아니라, 그저 시간이 흐르면 승진한다는 것이다. 사실 10개의 기업 중 6~7개 기업은 승진을 연차 순으로 한다. 자동차 관련 제조와 R&D 기업, IT 기업, 서비스와 커머스 기업 모두 비슷한 패턴을 보인다. R&D 기업의 팀장 워크숍을 할 때도 이렇게 말하는 리더가 있었다.

"저희 팀에서는 K가 일을 가장 잘합니다. 그런데 지난해에는 선배들이 승진을 해야 해서 할 수 없이 K에게 B 평가를 줬어요. 올해는 K가 승진할 차례여서 A 평가를 줘야 하는데, 지난해에 K를 제치고 가장 좋은 평가를 받았던 선배 팀원이 승진을 못 했어요. 올해도 그 팀원을 승진시키려면 K는 평가에서 밀릴 텐데, 그러면 퇴사를 고민할 것 같아서 걱정이에요."

승진 대상자에게 좋은 평가를 몰아주는 관행은 대부분의 조직에서 보이는 오류다. 승진 대상자를 동기부여하기 위해서 성과와는 상관없이 좋은 평가를 주는 것이다. 이때 놓치고 있는 것은 다른 팀원들과 A급 팀원이다. 직원들은 누가 좋은 평가를 받는지를 지켜보고 그가 하는 방식을 따라 한다. 그러나 연차가 되어서 좋은 평가를 받는다면 평가를 위해 더 노력할 필요가 없다. 시간이 지나면 나에게 좋은 평가가 오기 때문이고, 또한 내가 아무리 열심히 해도 좋은 평가는 승진을 앞둔 동료가 가져가기 때문이다.

이처럼 리더가 어떤 기준에서 좋은 평가를 주는지는 팀원들의 다음 행동에 영향을 준다. 관례라고 하더라도 이런 평가는 그만둬야 한다. 연말에 서프라이즈로 평가 기준을 공유하는 것이 아니라 연초에 명확한 평가의 기준을 공표하고 월, 분기, 반기 단위로 평가 기준에 맞춰서 피드백을 전해야 한다.

팀원들과의 사전 공감과 공유 없이 평가 기준을 반영한다면 리더십에 상처를 받을 수밖에 없다. 연초부터 명확한 기준과 원칙을 공유하고, 조금 더 촘촘하게 피드백을 전달한다면 부정적 반응을 줄일 수 있다.

만약 이렇게 방식을 바꾸면 이번에 승진할 차례인 직원들은 불만이 있을 수밖에 없다. '그동안 승진할 동료들을 위해서 내 평가를 희생했는데 왜 내 차례에 방식을 바꾸나'라고 생각할 것이다.

이때 리더가 할 수 있는 일은 무엇이 있을까? 이번에 승진 대상자인 직원들에게 더 중요한 과업을 맡기고 성공할 기회를 주는 것이 최선일 것이다. 그렇게 회사의 평가 기준이 명확해질 때쯤엔 팀원들의 이력서도 더 탄탄해질 것이다.

성과 평가
피드백 대화

　연말이 되면 모든 리더가 하는 일이 있다. 바로 팀원들의 1년 성과를 평가하고 성과 평가 피드백 대화를 나누는 것이다. 리더들에게는 가장 피하고 싶은 불편한 시간이기도 하다. 가장 좋은 평가를 받은 10~20% 인원을 제외한 나머지 인원들은 자신이 기대했던 평가보다 더 낮은 평가를 받기 때문이다.

　B+라는 평가를 받았다 하더라도 본인이 A를 기대했다면 만족하지 못할 평가가 된다. 특히 S를 기대했던 팀원이 A 평가를 받게 되었을 때 성과 평가 피드백 대화는 가장 큰 어려움에 봉착한다. A 평가를 받은 팀원의 동기부여가 저하되는 모습을 즉시 목격할 수 있기 때문이다.

수많은 어려움이 있지만, 평가만큼 리더에게 중요한 권한과 역할은 없다. 그래서 조금이라도 구성원들이 동의할 수 있는 대화, 성과 평가를 통해서 구성원들이 작은 변화를 가져올 수 있는 대화를 제안해보겠다. 먼저 성과 평가 피드백은 크게 6단계로 진행하자.

1. 사전 안내를 하고 사전 질문을 공유하라

가장 좋은 방법은 팀원들에게 메일로 성과 평가 피드백 대화의 안내를 전달하는 것이다. 1년 동안 수고한 팀원들에게 수고와 감사 인사를 보내며 피드백의 목적과 성과 평가 피드백의 목적을 공유하라. 성과 평가 피드백 대화를 통해 리더인 내가 기대하는 모습을 공유하는 것이다.

목적과 기대를 먼저 공유하는 이유는 팀원마다 다른 목적을 가지고 성과 평가 피드백 대화에 임하면 혼란이 생기고 동기가 저하되기 때문이다. 피드백은 성과를 인정받고, 팀원이 바라보는 성과와 리더인 내가 바라보는 성과를 공유하는 것이다.

이때 미리 질문을 3~5개 정도 팀원들과 공유하면 좋다. 사전 질문을 서로 생각해보고 대화에 임하면 더욱 풍성하게 이야기할 수 있다. 다만 너무 많은 사전 질문은 팀원들의 행동을 늦춘다는 걸 기억하자.

2. 가벼운 얘기로 분위기를 풀고, 평가 피드백의 목적을 공유하라

팀원이 성과 평가 피드백 대화를 나누기 위해 회의실 문으로 들어왔다. 여러분은 어떻게 대화를 시작하겠는가?

기억에 남는 한 리더가 있다. 그는 성과 평가 피드백 대화를 나누는 일주일 동안 회의실을 하나 전세 내고, 그 회의실 안에 다양한 차와 커피를 내릴 수 있는 장비들을 가져다 두었다. 팀원이 회의실로 들어오면 반갑게 인사로 맞이하며 "커피와 차가 있는데 어떤 것을 드시겠어요? 제가 타 드릴게요"라고 했다.

성과 평가 피드백 대화라는 무거운 주제로 바로 대화를 시작하기보다는 커피와 차 같은 가벼운 주제로 대화를 시작한 것이다. 이런 대화 스킬을 '라포(Rapport)'라고 한다. 편안하고 신뢰할 수 있는 말과 행동을 통해 구성원의 거부감을 조금 내려놓게 해주는 방법이다.

팀원이 평소 관심을 가진 내용에 대해 이야기를 나누며 긴장을 풀고 분위기를 편안하게 만드는 것도 좋다. 예를 들어, 최근에 스터디를 시작한 팀원에게는 스터디가 어떤지, 도움이 되는지를 묻는다. 스포츠를 좋아하는 팀원에게는 응원하는 팀은 요즘 잘하고 있는지 물을 수 있다.

다음에 평가와 피드백의 목적을 이야기해보자. '○○님은 회사에서 평가를 통해 무엇을 기대한다고 생각해요?' '○○님이 생각하는 피드백의 목적은 무엇일까요? 회사외 개인 그리고 리더인 제 관점이 각각 다를 것 같아요'처럼 팀원에게 질문을 하고 그의 의견을 먼저 들어보면 좋겠다. 그러고 나서 리더가 자신의 생각을 공유하는 것이다. 목적을 먼저 이야기하는 이유는 이번 평가 피드백 대화에서 서로 같은 관점을 기대하자는 의미다.

3. 잘한 일을 인정하고 칭찬하라

이제 본론으로 들어가자. 잘한 일부터 인정해주고 칭찬하라. 규칙은 하나다. 팀원이 자신의 생각을 먼저 이야기할 수 있도록 리더가 질문하고 경청하는 것이다.

이런 질문을 던지고 팀원이 스스로 이야기하게 이끌자.

"올해 자랑하고 싶은 성과 세 가지를 이야기한다면 무엇일까요?"

이어서 해볼 수 있는 질문은 "이전과 다른 도전은 무엇이었나요? 과정에서 새롭게 배우거나 학습했던 내용이 있을까요? 성과 이외에 동료의 성장과 성공을 위해 어떤 기여를 했나요?" 등이다.

팀원의 의견을 다 듣고 나서 리더의 생각을 공유하자. 동의가 되는 부분에 대해서는 "저도 그렇게 생각해요. 그 부분은 ○○님이 정말 잘해주셨고, 그 결과로 팀에도 긍정적 영향이 있었어요"라고 덧붙이면 더 좋다. 추가할 이야기가 있다면 '제 생각에 ○○○도 좋아져서 많이 성장했다고 생각해요'라고 덧붙일 수 있다.

4. 발전적인 피드백을 하라

그런 다음 발전적 피드백으로 넘어간다. 이때 '이것은 정답이 아닌 리더인 내 개인적 의견이며, 당신의 성장에 도움을 주고 싶다'는 메시지를 전하는 것이 필요하다. 피드백을 전할 때 가장 어려운 점은 '리더가 정답이 아니다'라는 메시지를 팀원에게 전하는 것이다. 피드백 또한 팀장의 지식과 경험에서 보는 또 하나의 관점이라는 의미다. 이때도 팀원에게 먼저 질문하라.

"지난해 성과에서 아쉬웠던 부분은 무엇인가요? ○○님이 하기로 했던 부분 중에 하지 못한 부분은 무엇인가요? 다시 해 본다면 어떻게 해 볼 수 있을까요?"

아쉽거나 부족했던 내용들을 찾을 수 있게 대화를 이끌어 가면 좋다. 팀원의 이야기가 끝난 이후 리더가 생각하는 아쉬웠던 부분, 개선이 필요한 부분을 바로 공유한다.

"제가 바라보는 ○○님에 대해 피드백해볼게요. 들어보고 동의되는 부분과 동의되지 않는 부분을 말씀해 주셔도 됩니다."

내 생각이 정답이 아니라는 메시지를 전한다면 조금은 팀원의 저항감을 줄일 수 있다. 이런 대화를 통해 팀원이 자신의 생각을 조금 더 편하게 이야기할 수 있는 분위기가 조성될 수 있다. 물론 팀원이 리더의 관점에 동의하지 않을 수도 있다.

5. 피드포워드하라

이제 지나간 지난해의 성과 말고, 이제부터 시작될 올해의 성과에 대해 이야기를 나누자.

"올해 기대하는 목표와 결과는 무엇인가요?"

"그 목표가 우리 팀에 어떤 기여를 하게 될까요?"

"그 목표를 달성하기 위해 ○○님이 더 학습하거나 배워야 할 부분이 있을까요? 어떤 지원이 필요한가요?"

이 질문들을 통해 팀원은 자신이 하려고 하는 목표가 팀에 기여하는지, 지난해보다 조금 더 어려운 과업인지를 파악할 수 있다. 만약 팀원의 성과 평가가 자신의 기대보다 낮다면 다른 단계보다 피드포워드에 더 많은 시간과 에너지를 쓰길 추천한다.

6. 팔로업하라

팔로업은 팀원과의 성과 평가 피드백 대화 이후에 행동의 변화가 있었는지를 알아차려 주는 것이다.

"지난번 성과 평가 피드백 미팅에서 ○○님이 매뉴얼을 만들어 보겠다고 했었는데, 혹시 어떻게 진행되고 있어요? 도와줄 부분이 있을까요?"

이처럼 작은 질문을 통해 팀원들은 작은 행동 변화를 시작하게 된다.

자신에 관한 평가에 만족하는 팀원은 거의 없다. 하지만 리더가 나에게 관심을 가지고 있다는 걸 느낄 것이다. 또한 팀원이 내년에 도전할 목표를 설정하며 다음 해를 기대할 수 있게 된다. 성과 평가 피드백 대화에 공을 들이며 준비하는 이유가 여기에 있다. 이 대화 모델을 3월, 6월, 9월 중간 피드백 대화에서 사용해봐도 좋다. 처음에는 어색할지 몰라도 변화가 찾아올 것이다.

성과 평가 피드백 대화 프로세스

사전 안내

① **면담 일정 공유**
- 최소 2일~1주일 전 날짜·장소
- 면담 목적

② **사전 질문 공유**
- 면담 목적에 맞는 사전 질문 공유

③ **면담 메시지 준비**
- 팩트 체크
- 개인 성장과 얼라인
- 인정·칭찬, 피드백 메시지 준비
- 핵심 질문 2~3개 준비

④ **마인드 세팅**
- Growth Mind Set
- 경청

피드백

① **지지적 피드백**
잘하고 있는 행동과 반복되는 긍정적인 행동을 인정·격려·칭찬

② **발전적 피드백**
기대값 대비 부족한 행동, 반복되는 부정적인 행동 및 성과 결과에 대해 전달

③ **성장을 위한 행동 변화 요청**
개선 사항에 대해 구체적인 Action Plan, 목표 합의

④ **기존 대비**
성장, 변화한 것은 무엇인지 경험 공유 (성과, 태도, 역량 등)

⑤ **평가 결과 공유**

팔로업

① **알아차림**
성장을 위한 행동과 학습을 통한 팀원의 변화를 수시로 피드백하기
- 긍정적 변화 있을 때
  : 인정, 칭찬
- 변화 없거나, 부정적 변화가 보일 때
  : 피드백

② **지원**
팀원이 혼자 해결하지 못하는 변죄를 위해 장애물을 제거해 주는 서포팅

• 팔로업 : 수시로 잘하고 있는 과정과 결과를 인정·칭찬, 개선이 필요한 부분은 피드백

피드포워드

① **직무와 과업에 대한 정의 및 당해년 하반기 목표 설정**
과업과 목표 합의 → 그 목표가 가지는 의미와 끼치는 영향

② **기대하는 역할**
- 해당 직무에서 팀원이 해당하는 레벨을 이해하고 있는가?
- 레벨에 맞게 목표가 설정되어 있는가?
- 레벨에 낮는 성과는 무엇인가?

③ **성장을 위한 학습 계획**
목표 달성과 함께 팀원이 성장하기 위해 필요한 역량, 스킬, 자격 등을 어떻게 향상시킬 것인지 제안 및 요구

●

피드백의 근거를 마련하라

○

근거가 없는 상태에서 대화를 나누는 것은 팀장과 팀원 모두에게 공허한 메아리가 될 뿐이다. 그 누구도 설득할 수 없기 때문이다. 이때 중요한 것은 바로 '근거 자료'다. 자료를 바탕으로 성과와 행동에 근거해 설명하고, 무엇이 부족했는지보다 어떤 부분에서 보완이 필요한지, 보완책은 어떻게 마련할 수 있을지에 초점을 맞춰서 이야기하자. 긍정적 메시지도 동일하다. 좋은 결과, 조직에 기여한 성과 등을 모두 업무 방식, 행동 등의 근거를 기반으로 기록하고 대화하자. 평소 팀원과 1대1 미팅을 자주 했다면 그 내용을 살펴보면 더 좋다. 만약 그런 자료가 없다면 'S, B, I'의 방식으로 대화를 나누자.

Situation(상황): ○○○ 상황에서

Behavior(행동): ○○○한 방식으로 행동(일을 했고)

Impact(영향): 이 결과로 팀과 동료들에게 ○○○한 긍정적·부정적 영향을 줌

마지막으로 이 과정에 구성원을 한 번 더 참여시킨다. 피드백을 듣고 어떤 생각이 들었는지, 왜 그렇게 생각하는지를 묻고 팀원의 대답을 경청하며 팀장과 의견이 다른 지점을 찾아 간극을 좁히자.

이때 무조건 반박하기보다는 "○○님 관점에서는 그렇게 생각할 수도 있겠네요. 그렇게 생각한 이유는 뭘까요? △△ 관점에서 바라보면 그 부분을 어떻게 볼 수 있을까요?" 등 다양한 질문들을 통해서 다른 관점으로 생각해 볼 수 있도록 안내하는 것이 도움이 된다.

●

성과 평가의 핵심은 존중

○

성과 평가 피드백에 대해 구성원들이 불만을 가질 수 있지만, 평가 시스템에 의해 결과가 이미 나왔다면 바꿀 수는 없다. 이때 가장 중요한 키워드가 존중이다. 리더는 구성원들과 그들의 노력을 존중해야 한다. 그들이 존중을 느끼도록 해야 한다.

그러기 위해서는 많은 방법이 있고, 사람마다 존중받았다고 느끼는 타이밍과 상황도 다를 것이다. 하지만 일반적으로 리더가 다음과 같이 했을 때 구성원들은 존중을 느낀다.

① 지난 수고와 노력에 감사함을 표현한다

② 구성원이 아쉬워하는 부분에 대해서 위로를 표현한다

③ 앞으로 더 잘할 수 있고, 성장할 수 있다는 격려를 전한다

④ 구성원의 성장에 대한 구체적인 기대와 목표를 공유한다

⑤ 구성원의 말을 끝까지 들어준다

존중에서 가장 중요한 것은 구성원에게 무조건 맞춰주는 것이 아니다. 구성원도 리더와 동등한 입장에서 자신을 어필할 자격이 있음을 알려주는 것이고, 리더 또한 회사에서 부여한 '평가할 자격'이 있음을 선언하는 것이다. 각자의 자리에서 서로가 가진 권한을 명확하게 하고 일방적인 전달이 아닌 대화를 나누는 것이 리더가 해줄 수 있는 최고의 존중이다.

New message   — ↗ ✕

성과 평가 피드백 대화 안내 메일 예시

올해도 어김없이 1년을 돌아보는 평가 피드백의 시간이 왔네요.
먼저 지난 1년 동안 다양한 변화 속에서 팀에서 함께 노력하고, 수고한 모든 팀원들에게 감사 인사를 전합니다.

1. 평가 피드백의 목적
이미 알고 있는 것처럼 '지난 기간 동안 내가 팀과 회사의 목표를 이루기 위해 어떤 노력을 했는지, 그 노력은 어떤 결과를 만들어 냈는지, 그리고 그 결과는 팀과 회사에 어떤 기여를 했는지 리더와 함께 공유하고 나누는 시간'입니다.
평가가 중요한 이유는 이 기록들이 바로 여러분들의 이력서에 들어갈 중요한 정보들이라는 것이죠. 내가 성장했다는 것을 증명하는 가장 중요한 도구인 이력서에 내가 어떤 내용을 기록하고 싶은지 잘 고민해보고 저와 대화하는 시간을 가져보면 좋겠습니다.

A 🔗 ☺ ∞ 🖼 🗑 ☰   **Send**

2. 성과 평가 피드백의 목적

성과 평가 피드백은 왜 할까요? 리더가 평가 점수를 정하고, 올해는 A급, B급, C급이라고 평가 결과를 통보하는 것이 아닙니다. 리더의 관점에서 여러분의 성과와 결과, 그리고 기여를 공유하는 자리이고, 마찬가지로 여러분들의 관점에서 성과와 결과, 기여를 공유하는 자리입니다. 그리고 서로의 관점을 공유하며 대화를 통해서 합의하는 관점을 찾아가는 자리이기도 하고요. 그런데 이런 피드백은 과거입니다. 과거에 내가 무엇을 잘했고, 무엇이 부족한지를 돌아보고 하반기에는 어떤 성장을 기대하는지를 생각하고, 계획을 시작하는 자리가 되어야 피드백이 성장의 도구가 될 수 있습니다.

그래서 이번 성과 평가 피드백을 통해 제가 기대하는 것은 3가지입니다.
첫 번째, 리더와 팀원이 서로 동의하는 과거의 성과, 결과 그리고 팀/회사에 어떤 기여를 했는지 찾아보자.
두 번째, 잘한 것은 인정·칭찬하고, 성장하기 위해서 개선해야 할 것(일하는 방식)도 찾아보자.
 세 번째, 내년에 더 성장하기 위해 무엇을 해야 할지 정해보자.(스스로 할 것과 리더가 도와줄 것)

3. 사전 질문

이제 저도 여러분을 만나기 전까지 어떤 내용으로 대화를 나눌지 준비를 하려고 합니다. 여러분도 그 시간까지 아래 질문에 대해 한번 생각해보고 만났으면 좋겠습니다.

· 올해 업무상 나의 목표는 무엇이었나요?(구체적으로)
· 목표 관점에서 올해 내가 잘한 것은 무엇인가요?(스스로 자랑하고 싶은

A ⫶ ☺ ∞ 🖼 🗑 ☰   Send

변화, 결과, 노력 등)

· 올해 초로 돌아갈 수 있다면 내가 보완하거나 개선해야 할 점은 무엇이라고 생각하나요?

· 올해 팀 목표 기여 관점에서 내가 꼭 하고 싶은 과업은 무엇인가요?

· 올해 나의 개인적 목표는 무엇인가요?(하고 싶은 일, 역량·경험·승진 등)

· 나의 성장과 성공을 위해 나 스스로 변화·행동할 것과 회사나 리더가 도와줘야 할 것은 무엇인가요?

· 기타 제안하고 싶은 것이나, 리더에게 하고 싶은 말이 있다면 무엇이 있을까요?

4. 면담 스케줄

0월 0일, 11시 ~ 12시 30분 (1회의실) : 홍길동

0월 0일, 14시 ~ 15시 30분 (1회의실) : 백종화 등

결과와 성과의
차이

우리가 일을 할 때 실행(Doing) 또는 활동(Activity)이라고 말하는 것이 있다. 경쟁사 데이터 분석, 컨퍼런스 개최, 코칭 리더십 강의, 1대1 코칭 등과 같은 것이다. 이것의 핵심은 사람, 시간, 돈, 지식, 경험, 스킬 등의 자원을 어떻게 사용할 것인가를 결정짓는 것이다.

결과물은 이런 활동을 통해 얻어낸 최종 결과를 말한다. 예를 들어, 경쟁사 데이터 분석을 봉해 남는 것은 분석 자료가 된다. 컨퍼런스 개최를 통해서 얻을 수 있는 결과는 200여 개사 참석 및 10개사 계약이 될 수 있다. 코칭 리더십 강의와 1대1 코칭을 통해서 얻을 수 있는 결과물은 강사료, 코칭료, 강의·코칭 시간, 200명

강의 참석, 30시간의 코칭 세션 진행 등이 될 수 있다. 이것이 결과다.

이와 달리 성과를 논의하기 위해서는 결과물뿐 아니라 조직이 가지고 있는 목표를 함께 바라봐야 한다. 데이터 분석을 통해 분석 자료를 만들어낸 목적은 무엇일까? 팀의 목표가 '회사의 3년 후 전략을 설계한다'였다면 데이터 분석 자료는 '전략을 위한 인사이트 10개'라는 영향력이 될 수 있다. '컨퍼런스 개최를 통한 200여 개사 참석 및 10개사 계약'이 가지는 의미는 회사의 매출 목표의 30%를 감당한 새로운 영업 방식이 될 수 있다. 강의와 코칭을 통해 얻을 수 있는 성과는 '리더의 행동 변화'와 '리더십의 성장'이 될 수 있다. 이를 증명하기 위해 리더십 다면평가 점수나 직원 몰입도 점수의 성장을 결과물로 만들 수도 있고, 리더 교육 후 팀원들의 정성적 피드백을 받아 '리더들의 행동이 바뀌고 있다고 생각하는가?'라는 질문에 대한 긍정 회신율을 결과물로 보여줄 수도 있다.

결과는 일을 통해 얻은 1차적인 결과물이고, 성과는 이 결과물이 가지는 영향력과 의미를 말한다. 결과의 핵심은 '일을 열심히 하고 있다'이다. 그런데 성과의 핵심은 '일을 잘하고 있다'이다. 결과가 나 중심으로 평가하는 기준이 된다면 성과에서 말하는 '일을 잘한다'의 기준은 내가 아닌 팀과 조직이 된다. 잘하는 직원은 팀과 조직의 성과에 긍정적 영향을 주기 때문이다.

중요한 것은 '성과의 크기와 달성률'이 아니라 '내가 한 일이 누구에게 어떤 가치를 제공했는가?'를 스스로 설명하는 것이다.

예를 들어, 과거 야구선수를 평가할 때 개인 기록을 많이 봤다. 2명의 타자가 있는데 A는 3할 타율, 홈런 20개를 쳤고, B는 2할 5푼, 홈런 15개를 쳤다. 개인 성적만 놓고 본다면 A가 B보다 더 탁월한 타자다.

그렇다면 팀에 더 기여한 선수도 A일까? 이때 중요한 것은 팀의 비전, 미션 그리고 목표다. 우선 목적만 본다면 대부분의 팀은 단기적으로 이번 게임에서의 승리를, 장기적으로는 올해 시리즈 우승을 목표로 한다. 가끔 리빌딩이라는 목적으로 젊은 선수들에게 의도적인 성장의 기회를 주기도 하지만 말이다.

팀이 승리하고 우승을 하기 위해서는 이겨야 한다. 그렇게 되기 위해서는 두 가지 조건이 충족되어야 한다. 상대 팀보다 점수를 많이 내거나, 상대 팀보다 점수를 덜 주거나. 점수를 1점도 내지 못하면 승리할 수 없기 때문에 타자들은 무조건 점수를 내야 한다.

선수가 승리에 기여하기 위해 타율과 홈런보다 더 중요한 것은 득점권 상황에서의 타율과 타점의 수다. 두 가지 지표를 보니, A는 3년 평균 득점권 타율 2할, 타점 40개를 올렸다. 반면 B는 3년 평균 득점권 타율 3할 5푼, 타점 100개를 올렸다.

개인이 성과를 크게 낸 수는 있다. 그가 가신 지식과 경험, 스킬과 같은 역량이 가장 높을 수도 있다. 하지만 우리는 조직에 속해 있다. 내가 하는 일이 회사, 팀에 어떤 기여를 했는가? 이것이 내 능력과 상관없이 우리가 회사에서 중요한 인재를 판단하는 근거다. 따라서 내가 회사와 팀의 비전과 미션, 그리고 목표에 어떤 기여를 했는지 설명하고, 납득시킬 수 있을 정도는 되어야 한다. 그게 프로다.

●

회사가 왜 내 성과를 몰라주지?

○

코칭을 하다 보면 직장인들이 속상해하는 모습을 자주 본다. '내 성과를 왜 몰라주지?'라는 불만을 말한다. 그런 사람에게 나는 되묻는다.

"○○님이 하고 계신 일, 결과와 과정을 리더나 회사와 얼마나 자주, 어떻게 공유하셨어요?"

한 기업의 A 부서장도 비슷한 이야기를 했다. 내가 이런 질문을 하자 자신이 회사와 임원들과 공유하는 자료를 보여 줬다. 그런데 자료에는 해야 할 일 목록(To Do List)과 결과만이 담겨 있었다.

"내용을 조금 설명해 주시겠어요?"

내 질문에 그는 지난해에는 어땠는지, 올해는 어떤 문제가 있어서 어떻게 해결했는지, 그리고 아직 해결하지 못한 문제가 무엇인지를 말해주었다. 나는 그에게 지금 말한 내용을 요약해 기록하길 권했다.

또 다른 기업의 B 팀원도 비슷했다. 그는 자신의 목표와 과업을 즐겁게 하고 있는데 유독 협업과 소통이 어렵다는 피드백을 받았다.

"B의 팀장님이 가장 불편해할 부분은 무엇일까요?"

내가 이렇게 묻자 잠시 후 나온 답변은 깔끔했다.

"제가 하고 있는 일의 과정을 모르셔서 뭘 도와줘야 할지, 언제 답이 나올지를 궁금해하실 것 같아요. 제가 공유를 안 하고, 정리도 안 하다 보니 답답할 것도 같네요."

두 사람의 공통점은 '나는 열심히 하고 있어. 그러니까 파악은 네가 해'라는 것이었다. 회사에서 내가 하는 일이 나 혼자만의 일로 끝나는 경우는 거의 없다. 그래서 필요한 것이 바로 공유다. 일을 하면서 리더나 협업자들과 공유할 것은 크게 4가지다.

① 내가 하고자 하는 일의 목표, 그 목표가 우리 조직(팀과 회사)에 어떤 기여를 하는 것인가?

② 현재까지의 과정과 과정에서 자랑하고 싶은 부분과 아쉬운 부분은 무엇인가? 개선점은 무엇인가?

③ 리더와 협업하는 사람들이 언제까지 기다리면 결과를 볼 수 있을 것인가?

④ 리더나 협업자가 어떤 부분에서 지원(의사 결정, 지식, 경험, 시간, 사람, 정보 등)을 하면 좋을까?

내 조언에 따라 A 부서장은 팀과 팀원들의 과업 진척도를 관리하기 시작했고, 그 과정에서 주요 방법과 고민을 3~4쪽으로 정리했다. 그리고 팀원들도 자신의 과업에서 잘하고 있는 부분과 개선이 필요한 부분들을 매월 기록하며 공유하기 시작했다. 해당 기업의 CEO와도 코칭 세션을 진행하며 A 부서장이 보고한 자료의 수준이 높아 조직을 판단하기 쉽게 되어 있다는 평가가 있었다. 그래서 다른 부서 모두에게 확산했다고 한다.

B 팀원도 자신이 하는 프로젝트에 대해 기록하기 시작했다. 팀원이 스스로 일을 하면서 기대했던 결과, 현재까지 나온 결과, 과정에서 얻은 정보들을 기록하고 공유했다.

재미있는 건, 이렇게 기록하고 공유하면서 자신의 성과를 관리하기 시작했다는 것이다. 열심히 일하는 것만큼 열심히 기록하고 반추하고 공유하는 것도 필요하다. 이런 사람을 흔히 '센스 있다'고 말하며 많은 사람이 함께 일하고 싶어 한다.

●

평가와 피드백은 내 이력서를 채우는 시간

○

평가는 내가 해야 할 일을 잘했는지 못했는지, 팀이나 회사가 나에게 기대하는 역할, 과업, 목표를 달성했는지 판단하는 것이다. 이때 평가를 증명하는 것이 바로 결과물이다. 매출, 이익, 프로젝트 완성, 보고서 작성, 커뮤니티 운영, 신규 가입 고객 수, 구매 전환율 등이 이에 해당한다.

그런데 평가에 '성과'라는 단어가 추가되면 의미가 조금 달라진다. 결과를 평가하는 것이 아니라, 성과를 평가한다는 의미가 들어가기 때문이다. 성과를 이야기하기 위해서는 개인이 속한 조직의 목표가 있어야 한다. 그리고 내 결과물이 조직의 결과에 어떤 영향을 주었는지 판단해야 한다. 그래서 성과 평가가 끝나면 '우리 조직에 가장 기여한 사람이 누구인가?'를 알 수 있다.

일을 잘하는 사람이 되고 싶다면 내 결과물을 계속해서 끌어올리면 된다. 회사가 나에게 기대하는 역할을 수행해도 된다. 하지만 성과를 인정받고 싶다면 내가 하는 일이 조직에 어떤 영향을 미치는 일인지 찾고 일치시켜야 한다.

많은 직장인이 성과 평가를 그저 1년에 한 번 지나가는 시간으로 생각한다. 그런데 내가 1년 동안 고생해서 만들어 낸 결과물과 그 결과물이 조직과 동료들에게 준 영향력은 어디에 기록될까? 내 인사고과가 되기도 하지만 결국 내 이력서에 기록된다.

내가 근무했던 회사와 부서에서 어떤 목표에 도전했고, 어떤 결과물을 만들어냈으며 그 결과물이 내 팀과 회사 그리고 동료에게 어떤 영향을 주었는지, 어떤 의미를 가지는지 설명하는 것이 바로 성과다. 그 성과가 내 이력서에 기록될 때 그것이 내 커리어가 되는 것이다. 이력서가 조금 더 빵빵하게 채워질 수 있다는 것은 내가 조직에 기여한 성과를 크게 만들어 냈다는 의미이기도 하다.

어떤 사람이 되고 싶은가? 어떤 사람으로 기억되고 싶은가? 이 질문에 대한 답변은 지금까지 내가 걸어온 나의 성과와 이력서를 통해서 증명할 수 있다. 내가 지난 시즌에 했던 일과 그 결과, 그리고 그 결과가 팀과 회사에 끼친 긍정적 영향을 스스로 증명할 수 있어야 한다. 이것을 나는 '자기 증명'이라고 부른다.

평가와 피드백 면담이 끝나면 나는 직원들에게 "이제 이력서를 수정하세요"라고 말한다. 연말 평가와 피드백 기간은 내 이력서를 수정하는 기간이다. 그리고 내년에 내 이력서에 넣고 싶은 목표, 역량, 경험을 미리 설계하는 시간이다. 평가와 피드백은 바로 '나의 성장을 증명하는 자료'다. 그래서 스스로 더 피드백에 관심을 가져야 한다.

만약 과거와는 다른 브랜딩을 하고 싶다면 지금부터 3년, 5년 그리고 10년 후의 내 이력서를 기록해보는 것을 추천한다. 그리고 그 이력서에 기록될 내 결과물과 영향들을 어떻게 만들어 갈 수 있을지를 정리해보자.

회사가 성장하고, 회사의 연봉 구조가 올라가면서 내 몸값이 올라갈 수도 있다. 그런데 내 몸값은 현재 회사에서 판단하는 것이 아니라 시장에서의 가치로 판단된다. 지금 회사에서 아무리 높은 연봉을 받더라도, 다른 회사에서 내 실력을 인정받지 못하게 되면 내 실력은 그만큼인 것이다.

이런 몸값을 올리는 방법은 간단하다. 내 실력을 쌓아서 그 실력으로 성과를 반복해서 만들고, 그 실력과 성과가 지속적으로 외부에 노출하는 거다. 이 부분은 리더든 팀원이든 모두에게 해당한다. 내 이력서에 어떤 경력을 작성할 수 있는지 한번 생각해보라.

한편 리더는 팀원의 자기 증명에서 오류를 찾아내어 객관적인 관점에서 개인의 역량, 결과 그리고 팀에 끼친 영향을 바라볼 수 있도록 도와줘야 한다. 또 팀원이 미처 파악하지 못했던 기여를 찾아서 인정하고 칭찬해줘야 한다. 마지막으로 팀원이 더 성장할 수 있는 큰 커리어를 기록할 수 있도록 미래 목표와 그 성장 목표를 달성하기 위한 계획을 함께 세우도록 도와야 한다.

리더라면 팀원의 이력서에 어떤 포트폴리오를 추가하게 해줄 수 있는지 고민해보라. 팀원의 성장을 위해서 리더가 해줄 수 있는 가장 큰 지원은 그의 성과와 함께 이력서를 든든하게 만들어주는 것이다.

평가의 공정성을
확보하는 법

평가 시즌만 되면 정말 많은 리더가 고민에 빠진다. 나 또한 평가를 할 때가 가장 출근하기 싫었던 날 중 하나였다. 모든 구성원을 만족시킬 수 없는데, 많은 팀원들이 열심히 노력했었다는 것을 잘 알고 있기 때문이다. 내가 평가를 잘 못해서 팀원들의 동기를 꺾어 버리는 것은 아닐까 하는 두려움도 있었다. 그럴 때마다 회사의 평가 시스템을 욕하기도 했다. 내가 HR 책임자였는데도 말이다.

세상에 공정한 평가란 없다. 평가하는 모든 사람이 동일한 기준을 가지고 있는 것도 아니고, 세상의 모든 정보를 다 알고 있는 것도 아니다. 그래서 우리는 공정성을 고민해야 한다.

리더의 역할 중 가장 중요한 것은 구성원들의 성장과 성공을 돕는 것이다. 그러나 조직 구성원 모두가 동일한 성과를 만들어내는 것은 아니다. 모든 조직에는 성과를 특별하게 잘 만들어내는 사람들이 있다. 그리고 우리는 그들을 '핵심 인재'라고 부른다. 그들은 단순히 일을 잘하는 게 아니라 조직의 목표를 가장 잘 달성하는 사람이다.

그런데 핵심 인재가 조직을 떠나는 경우가 있다. 그 원인은 대체로 두 가지다. 첫째는 조직에서 내가 중요한 사람이 아니라고 판단했기 때문이다. 둘째는 조직에서 내가 더 이상 성장하지 못한다고 생각하기 때문이다. 구체적으로는 내 업적이 인정받지 못할 때, 실력이 아닌 정치가 난무할 때, 중요한 과업을 할 기회가 사라질 때 등이 있다.

그럼 두 가지 원인을 해결하는 방법도 있지 않을까? 그 방법은 바로 공정성을 제고하는 것이다. 특히 성과 평가에서의 공정성을 높여야 한다.

공정성이란 '타인과의 형평성에서 차별받지 않았다는 느낌'이다. 타인과 비교해서 상대적으로 판단하는 것이다. 그래서 '내가 얼마나 잘했는가?'보다 옆에 있는 동료와 비교하게 되고, 다른 회사와 비교하게 된다. 나보다 더 좋은 평가나 보상을 받은 곳과 비교하는 것이다. 그렇다 보니 과정, 노력, 변화보다 결과와 보상에 집중하게 된다.

이렇게 주관적이고 기준조차 수시로 변화하는 공정성을 회사와 리더는 어떻게 유지할 수 있을까? 이는 리더들이 가장 많이 하는 고민이기도 하다. 평가의 공정성을 확보할 수 있다면 구성원들을 더 잘 동기부여할 수 있기 때문이다.

평가의 공정성을 확보하기 위해서는 다음 3가지에 유념해야 한다.

1. 분배 공정성

분배 공정성은 어떤 기준에 의해 평가 결과를 정했는지를 묻는다. 또 결과에 대한 보상이 공정한지, 성과 평가에 따라 받게 되는 연봉 인상, 인센티브, 승진과 같은 보상이 공정한지 묻는 것이다.

사실 분배 공정성을 끌어올리기 위해 리더 개인이 할 수 있는 일은 그리 많지 않다. 다만 리더는 평가의 기준을 구성원 개인의 목표가 아닌 조직의 목표에 둬야 한다. A라는 팀원이 "내 목표는 ○○였고, 좋은 결과가 나와서 저는 A라는 평가를 받아야 한다고 생각합니다"라고 말한다고 해보자. 이 직원에게 A를 주지 않는다면 공정하지 않다고 느낄 것이다. 그런데 대부분의 직원이 이렇게 생각한다는 것이 문제다.

이럴 때는 이렇게 질문할 수 있다.

"우리 팀의 목표가 ××였고, △△라는 결과가 만들어졌어요. ○○님은 우리 팀의 목표에 어떤 기여를 했나요?"

구성원 개인이 잘한 것을 평가하는 것이 아니라, 조직에 기여한 점에 대해 질문해보자.

추가로 회사 관점에서 분배 공정성을 확보하기 위해서는 '칼리브레이션(Calibration)'과 '챌린지(Challenge)'를 사용해보길 추천한다. 칼리브레이션은 팀장, 본부장의 평가 이후 상위조직에서 회사 관점으로 평가를 검증하는 시스템이고, 챌린지는 구성원이 자신의 평가 내용을 납득하지 못할 때 재평가를 요청하는 시스템이다.

두 가지 시스템이 잘 작동하면 구성원들은 평가를 좀 더 납득하게 된다. 또한 두 시스템을 적용하면 다양한 리더가 모여 서로의 평가를 공유하고 기준을 맞춰 갈 수 있다. 기준이 높은 리더는 평가를 낮게 주고, 기준이 낮은 리더는 평가를 모두 잘 주려고 하는데, 이런 오류를 벗어나게 해주는 시스템이다.

2. 절차 공정성

평가 절차가 공정한지에 대한 문제다. 구성원은 리더 혼자서 평가할 때보다 동료 평가가 반영된 평가를 할 때, 리더가 근거 없이 최종 평가를 할 때보다 개인의 셀프 리뷰를 바탕으로 평가할 때, 평가를 1번 할 때보다 2~4번 할 때 더 공정하다고 느낀다.

평가에서 절차 공정성을 확보하기 위한 방법으로 4가지를 제안한다.

① 분기 피드백

평가는 보통 1년에 한 번 진행되기에 평가 자체가 공정해지기 어렵다. 그래서 분기별 한 번씩 중간 성과 평가 피드백을 진행하며, 구성원들이 평가 결과를 예상하도록 도와주는 것을 추천한다. 이때의 기록이 평가의 근거가 된다.

② 1대1 대화

상시적으로 리더와 구성원이 수시로 대화하는 것이다. 이때 일하는 과정, 태도, 몰입, 학습, 커리어, 관계 형성 등의 주제들로 대화하게 된다. 이 과정이 모이면 서로에 대한 신뢰도가 올라가고, 구성원의 일하는 과정을 조금 더 긴밀하게 볼 수 있다.

③ 동료 피드백

리더가 혼자서 평가하는 것이 아니라 먼저 구성원들이 서로에 대해 어떤 부분을 잘하고 있는지, 무엇을 개선했으면 좋겠는지, 어떤 영역에서 서로에게 도움을 받았는지 피드백한다. 이 자료들을 바탕으로 리더는 구성원에 대해 몰랐던 부분을 알 수 있게 된다. 이때 중요한 것은 감정적 피드백이나 근거 없는 피드백이 아닌, 구체적인 행동 기반으로 피드백을 주고받아야 한다는 것이다.

④ 공유회

분기 피드백 이후 구성원들이 각자의 분기 목표, 결과, 과정에서의 노력, 잘한 점과 개선이 필요한 점, 동료에게 도움받았던 부분에 대한 감사 등을 기록, 팀 내에서 발표하는 시간이다.

공유회는 분기 단위로 하는 것이 가장 좋다. 이 시간이 반복되면 동료들은 서로의 전문성과 함께 변화를 알게 되고, 누가 더 어려운 과업을 맡고 있는지를 느낄 수 있게 된다. 자신의 기여도와 전문성을 다른 동료들과 비교하며 객관화할 수 있게 되는 것이다.

공유회에서 얻을 수 있는 가장 큰 강점은 서로가 잘하는 부분을 알고 도움을 요청할 수 있다는 것이다. 공유회 이후 서로의 지식과 경험을 공유하는 학습으로 연결할 수 있다.

평가에서 절차 공정성의 핵심은 평가가 서프라이즈가 되지 않도록 하는 것이다. 구성원들이 자신의 평가를 어느 정도는 예측할 수 있어야 한다. 예측하게 되면 납득하기 쉬워지고, 자신의 평가를 수정하기 위해 노력할 수 있다. 평가에서 절차 공정성이 중요한 이유는 이 과정에서 A급 인재를 찾을 수 있기 때문이다.

3. 상호작용 공정성

상호작용 공정성은 '평가 과정에서 존중받았는가?'라는 질문으로 확인할 수 있다. 평가 과정과 평가 결과를 공유하는 과정에서 리더는 구성원을 존중해야 한다. 리더는 구성원이 자신의 생각을 먼저 이야기하게 하고 끝까지 경청한다. 그리고 "고마워요"나 "미안해요" 같은 감정 표현을 하는 것도 좋다.

"올해 입사했으니까(경력으로 입사했으니까, 올해 복직했으니까) 내년에 잘 챙겨줄게요."

"나는 평가를 잘 주려고 했는데 A님이 더 잘했어요."

"스스로 잘했다고 생각해요? B님은 우리 팀에서 누가 S를 받을 것 같아요?"

"나도 B, C를 받았어요. ○○님만 그런 거 아니에요. 다 똑같이 힘들어요."

만약 리더가 이렇게 말하면 구성원은 자신이 존중받지 못했다고 느낄 것이다.

대신 이렇게 말해보자.

"피드백은 정답을 이야기하는 시간이 아니라, ○○님 관점과 팀장인 제 관점에서 성과와 기여를 이야기하는 시간이에요."

"올해 ○○님의 성과가 팀의 △△에 기여했다고 생각해요."

"○○님 입장에서는 그렇게 생각할 수도 있을 것 같아요. 어려운 평가 피드백을 솔직하게 대화해줘서 고마워요. 오늘 나눈 이야기를 정리해줄래요?"

"○○○ 해줘서 △△한 긍정적 영향을 받았어요. 정말 고마웠어요. 수고했어요."

"성장을 위해서는 ○○의 변화가 필요해요."

완전하게 공정한 평가는 불가능하다. 기준도 다양하고, 조직의 목표 또한 난이도가 다양하고, 구성원들의 직무 레벨 또한 다양하기 때문이다. 다만 조금이라도 더 납득하고 수용할 수 있게 해야 한다. 그게 바로 공정성이다.

●

피드백에 반응이 없거나 불만을 보이는 직원

○

"피드백을 통해 업무 개선점이나 보완이 필요한 점을 전달했는데 진전이 없다면 어떻게 해야 할까요?"

팀원이 피드백 대화를 통해서 하나의 행동 변화를 찾았다고 가정하자. 그런데 팀원의 행동이 바뀌지 않고 있다면 다음 두 가지를 시도해보자.

첫 번째는 먼저 물어보는 것이다.

"지난번 피드백 대화 때 하기로 했던 A 방법은 어때요? 진척이 안 되고 있는 것 같은데 장애가 되는 부분이 있을까요?"

팀원의 지식이나 스킬이 부족하다면 리더가 티칭이나 스킬을 공유해 주면 조금은 쉽게 행동의 변화를 볼 수 있다.

두 번째는 리더의 관심이다. 팀원은 아주 작은 행동의 변화를 보였을지도 모른다. 그런데 그 변화와 노력을 리더가 알아차리지 못했을 수도 있다. 그때 팀원은 행동의 변화를 멈추게 된다. 리더가 관심을 가지는 중요한 이슈가 아니기 때문이다. 이때는 "지난번 피드백 때 약속한 A를 해 줘서 고마워요"라며 행동의 변화를 알아차려 주는 작은 멘트 하나만으로도 변화를 유지할 수 있다.

부정적인 피드백 면담을 진행하고 나서 구성원이 부정적인 태도와 불만을 보인다면 어떻게 다스려야 할까? 이런 직원은 자신이 부족해서 질책과 지적을 받았다고 생각하고 있다. 이때는 두 가지를 제안하고 싶다.

첫 번째는 "A를 하느라 고생 많아요" 또는 "요즘 많이 속상하죠?"라며 팀원의 마음과 노력을 격려하는 대화를 하는 것이다. 이때 좋은 방법은 커피를 마시며 대화를 나누는 것이다. 내가 만난한 리더는 점심 식사 후 커피를 들고, 회사 주변을 산책하며 위로와 격려의 대화를 하는데, 효과가 좋다고 한다. 딱딱한 환경에서 벗어나 이야기를 하기 때문이다.

두 번째는 변화를 인정하고 칭찬해주는 것이다. "속상할 텐데 ○○ 업무를 해줘서 고마워요"라고 말이다. 여기에서 끝나는 것이 아니라, "○○을 해줘서 이번에 팀이 발표할 때 도움이 많이 된 것 같아요"라며 긍정적 영향을 전해주자.

그 외에 더 많은 방법이 있겠지만, 부정적 태도와 불만을 바로 피드백하기보다 팀원의 속상한 마음을 알아차려주는 것이 먼저다. 그런데도 부정적 태도가 반복된다면 '구체적으로 부정적 태도가 어떤 상황에서 반복되고 있는지, 그 행동이 리더와 동료들에게 어떤 부정적 영향을 주는지'를 다시 피드백해야 한다. 지금의 상황(Situation)을 설명하고 그 사람의 행동(Behavior)이 팀에 끼치는 영향(Impact)에 대해 전달하는 것이다.

업무 성과가 낮은 팀원은 자신을 객관적으로 바라보지 못하고 있을 확률이 높다. 성과를 내기 위해 어떤 업무 스킬이 필요한지, 본인의 경력이나 레벨에 어느 정도가 요구되는지를 모르는 것이다.

이때 리더가 기대하는 역할, 스킬셋, 성과의 크기를 명확하게 전달해 주는 방법이 하나 있다. 3개월에 한 번씩 팀원들이 모두 모여 지난 분기 동안 본인의 결과물과 그 결과물이 팀의 결과에 어떤 영향을 주었는지를 공유하고, 그 과정에서 본인의 일하는 방식, 학습한 스킬과 지식 등을 서로에게 PR하는 것이다. 서로의 지식과 경험, 스킬 그리고 일하는 방식을 공유하는 시간인데 이 시간을 통해 나의 수준과 동료의 수준을 비교할 수 있다. 자신의 역량을 객관화하고, 서로 학습하는 기회가 되는 소중한 시간이다.

──────────── **성과 평가 피드백 대화 모델** ────────────

이름 :　　　　미팅 날짜 :

라포 (친해지기, 마음 편하게 하기)	• 평소 관심을 가지고 있는 영역에 대해 이야기하도록 질문하거나 관심을 표현 • 또는 커피나 차를 마시면서 대화를 시작하는 것을 추천
잘한 행동 (기여한 성과와 성장)	• 팀원의 생각을 먼저 들을 수 있도록 질문을 사용 　예) 올해 팀에 가장 큰 기여를 했다고 생각하는 3가지 결과물은 무엇인가요? • 이후 팀장이 팀원에 대해 기여한 부분과 인정·칭찬할 부분, 성장한 부분에 대한 의견을 전달
보완할 행동 (변화가 필요한 성과와 성장)	• 팀원이 먼저 피드백할 수 있도록 질문 　예) 다시 돌아간다면 어떻게 해보고 싶나요? 가장 아쉬웠던 부분은? 하기로 했었는데 진행하지 못한 것은? • 이후 팀장이 볼 때 개선이 필요한 부분과 아쉬웠던 부분에 대한 의견 전달
개선점 합의	• 목표 정리 　예) 내년에 기대하는 모습과 결과물은 무엇인가요? 성장을 위해 계속할 것과 보완할 수 있는 것은 무엇이 있을까요? • 리더에 대한 피드백 받기 　예) 제가 어떤 관점에서 지속적인 인정·칭찬과 피드백을 주면 될까요? • 1 대 1 미팅 정리 　예) 어려운 대화에서 솔직하게 피드백 줘서 고마워요. 오늘 나눈 중간 피드백 대화를 어떻게 이해했는지 정리해주겠어요?

Feedback

5장

셀프 리뷰와 리더십 피드백

셀프 평가를
해야 하는 이유

어떤 사람들은 프로스포츠 구단처럼 회사가 움직여야 하고 구성원들에게도 프로스포츠 선수처럼 일해야 한다고 말한다. 프로 선수라는 의미는 '성과만큼 연봉으로 보상받는' 사람이다. 열심히 하라고 말하지 않아도 자신의 연봉을 위해서 스스로 열심히 한다. 그런데 왜 많은 직장인이 프로 선수처럼 일을 하지 못할까? 몇 가지 이유가 있다.

1. 너무 안전하다
프로 구단은 팀에서 관리할 수 있는 인원수가 정해져 있다. 예산 때문이기도 하고, 2군, 3군 등 레벨별로 경기에 참여할 수 있는 인원수가 정해져 있기 때문에 너무 많은 인원이 있을 필요는 없다. 그래서 나이에 상관없이 실력이 없거나, 성장 가능성이 없는 선수는 팀에서 더 이상 계약을 하지 않는다. 치열한 경쟁과 실력만이 살아남을 수 있는 곳이다.

그런데 우리 기업들은 너무 안전하다. 일을 못해도, 성과를 반복해서 내지 못해도, 태도가 좋지 않아도 회사에서는 오랜 시간 직원을 데리고 있어야 한다.

2. 연봉이 떨어지지 않는다

프로는 잘하면 연봉이 몇 배가 오르고, 못하면 연봉이 떨어진다. 연봉이 곧 실력이다. 그런데 기업에서는 연봉을 올릴 수는 있지만, 떨어뜨리는 것은 매우 어렵다. 또 한번 올라가면 바로 회사의 비용에 큰 영향을 줄 수밖에 없다. 그래서 탁월한 A급에게도 연봉을 크게 인상하기 어렵다. A급이 더 이상 성과를 내지 못할 때 연봉을 다시 낮출 수가 없기 때문이다.

3. 역량이 공개되어 있지 않다

프로 선수 한 명을 분석해보면, 게임에서 캐릭터의 스탯을 보듯 그 선수의 성과와 역량 그리고 태도를 알 수 있다. 야구 선수의 경우 타율, 타점, 출루율, 삼진과 볼넷 비율 등의 지표를 본인뿐 아니라 동료와 감독, 코치가 알고 있다. 심지어 경쟁 팀도 이 선수의 스탯을 알고 있다. 팬들도 우리 팀 선수의 스탯뿐만이 아니라 경쟁

팀 선수의 정보도 모두 가지고 있다.

오픈된 스탯을 보면 우리 팀에서 가장 중요한 선수가 누구인지 알 수 있고, 필요 없는 선수가 누구인지도 알 수 있다. 결국 누가 탁월한 선수인지, 누가 팀에 기여하는 선수인지, 누가 개인 성적에만 관심 있는 선수인지 다 알고 있다.

반면 기업에서는 구성원이 자신의 역량과 시장의 기준을 잘 모른다. 객관적인 데이터도 없고, 공개된 정보도 없기 때문이다. 심지어 팀 동료의 역량에 대한 정보도 없다. 서로가 하는 일, 난이도, 역량 등에 대한 정보가 오픈되어 있지 않다. 그래서 어떤 직장인은 제한된 정보 속에서 '나는 잘하고 있어, 나는 최선을 다했어'라며 자기 위안을 하기도 한다.

물론 직장인이 프로 선수처럼 될 수는 없다. 뛰는 리그 자체가 다르기 때문이다. 그런데 최근 조직과 고객에게 크게 기여하는 직장인들이 지금 다니는 회사보다 더 중요한 위치를 차지할 방법이 생겼다. 그것은 바로 자신의 역량을 오픈하는 것이다. 그리고 끊임없이 개발하고 성장시키며 조직에 기여하고 있음을 증명하는 것이다. 그 채널이 바로 SNS다. 링크드인, 페이스북, 블로그와 브런치 같은 사이트에 들어가보라. 그 안에서 수많은 지식인과 실력자들이 자신의 역량을 뽐내고 있다.

어쩌면 직장인이 프리랜서처럼 일을 해야 기업에서 가장 중요한 인재가 될 수 있다. 모든 구단이 웃돈을 내서라도 데려가고 싶은 S급 FA 선수처럼 말이다. 내가 다니고 있는 직장에서 동일한 영향력을 행사하는 방법은 간단하다. 나의 역량, 즉 결과와 성과를 지속해서 오픈하고 공유하면 된다. 그리고 그 과정에서 내가 사용하고 있는, 내가 남들보다 더 많이 알고 가르쳐줄 수 있는 지식, 경험, 스킬 등을 공유해야 한다.

●

미래를 위한 대화, 셀프 리뷰

○

셀프 리뷰란 특정 기간에 구성원이 자신의 성과와 결과물을 기록하여 스스로 성과를 평가하는 것이다. 이 기록을 보고 팀원의 1년 또는 반년을 평가할 수 있다.

그런데 많은 직장인이 셀프 리뷰를 숙제하듯이, 아니면 많은 일 중에 하나로 생각하며 밀어내듯 기록한다. 평가에 관해 회사와 리더의 관점은 '우리 회사에서 가장 큰 기여를 한 사람이 누구인가?'이다. 한편 구성원의 관점은 '내가 조직에서 얼마나 중요한 사람인지'를 브랜딩하는 것이다.

또한 셀프 리뷰는 리더와 회사로 하여금 '구성원에 대한 기대'를 품게 만든다. 기대를 품게 하는 방법은 '다음 시즌에 내가 목표로 삼을 주제를 공유하고, 이를 위해 어떤 학습과 성장을 하겠다'는 구체적인 계획을 기록하고 공유하는 것이다. 그런 셀프 리뷰를 적당히 기록할 수 있을까? 그 어떤 일보다 최선을 다해야 하지 않을까?

일반적으로 구성원들에게 셀프 리뷰를 하라고 하면 '내가 얼마나 노력했고, 내가 어떤 결과물을 만들어냈다'는 것에 그친다. 그러나 리더 및 회사의 관점과 구성원 개인의 관점은 다르다. 리더와 회사가 구성원을 평가할 때는 다음 사항을 고려한다.

1. 개인의 성과 결과물은 무엇이고, 그 결과물의 기여도는 얼마인가?

조직에서 한 명의 개인이 만들어낼 수 있는 결과물은 거의 없다. 하나의 결과물을 만들기 위해선 다양한 구성원들이 협업을 하게 된다. 그래서 결과물을 볼 때 협업했던 구성원들의 성과도 함께 보며 누가 가장 큰 기여를 했는지를 파악한다.

2. 구성원 개인의 역량, 경험, 지식 그리고 전문성 레벨은 얼마인가?

동일한 결과물을 냈을 때 누구에게 더 좋은 평가를 주게 될까? 그것은 바로 레벨이 낮은 구성원이다. 3년 차와 10년 차가 동일한 결과물을 냈다면 당연히 3년 차가 더 큰 성과를 냈다고 판단하게 된다. 이때의 기준은 경력, 직급과 직책 그리고 연봉이 될 수 있다.

3. 과업의 난이도는 어떠한가?

같은 결과물이 나왔다 하더라도 과업에 따라 난이도기 달라진다. 동일한 매출이라 하더라도 '기존 상품을 활용한 매출'과 '신규 아이템을 활용한 매출'의 난이도가 다르고, 새롭게 진출한 채널이나 지역에서의 매출도 난이도가 다르다. 리더와 회사는 과업 수행의 난이도를 보며 같은 결과물이라도 누구에게 더 좋은 평가를 줄 것인지를 정한다.

4. 그 결과물이 팀과 회사에 어떤 영향을 주었는가?

성과 관리 프로세스의 첫 번째가 바로 조직의 목표 세팅이고, 이 목표를 세팅하는 이유는 조직의 유한한 자원들을 조직의 목표 달성에 최대한 활용하기 위해서다. 아무리 뛰어난 결과를 냈더라도 그 결과가 조직의 성과 방향과 얼라인되지 않으면 좋은 평가를 받을 수 없다.

구성원들은 이러한 리더와 회사의 관점을 고려하며 셀프 리뷰를 해야 한다. 다음 질문에 맞춰서 스스로 리뷰해보자.

1. 목표 대비 달성한 것은 무엇인가?

- 목표 대비 어떤 결과를 만들어냈나?
- 어떤 과정을 통해서 만들어졌나?
- 그 결과물은 팀과 회사에 어떤 기여를 했나?
- 그 결과물은 이전과 비교해서 어떤 성장을 이루었나?

2. 과정에서 지난 시즌과 달라진 나의 역량은 무엇인가?

- 긍정적으로 달라진 점은 무엇인가?(구체적인 행동)
- 하기로 했는데 하지 못했던 것은 무엇이었나? 그 장애물을

어떻게 해결했나?

- 새롭게 배우게 된 것은 무엇인가? 전보다 쉽게 하게 된 것은 무엇인가?

3. 다음 시즌 목표는 무엇인가?

- 그 목표는 팀과 회사에 어떤 의미를 가지고 있나? 어떤 영향을 줄 수 있나?
- 새롭게 도전하고 싶은 부분은 무엇인가?

4. 다음 시즌 성장하기 위해서 어떤 노력을 할 것인가?

- 잘하고 있는 영역 중에 더 강화하고 싶은 부분은 무엇인가?
- 개선하기 위해 어떤 것을 보완해야 한다고 생각하는가? 구체적인 학습 계획은?

5. 이 과정에서 스스로 해야 할 것과 리더의 지원이 필요한 부분은 무엇인가?

●

셀프 리뷰를 공유하라

○

퍼포먼스 마케터 B는 연차는 10년 정도였지만 퍼포먼스 마케터로 일을 한 지는 2~3년 정도밖에 되지 않았다. 그런데 조직에서 가장 일 잘하는 인재로 좋은 평가를 받고 있었고, 많은 리더가 B와 함께 일하고 싶어 했다.

그러던 어느 날 회사에서 '피드백' 워크숍을 하게 되었는데 이때 회사는 B에게 사례를 공유해주면 좋겠다고 제안했다. B는 자신의 일하는 방식과 프로세스, 지금까지 성공했던 프로모션과 실패했던 프로모션을 소개했다. 그는 잠시 발표를 멈추고, 스프레드시트를 공유했는데, 그것은 지금까지 했었던 모든 프로모션을 기록해둔 자료였다. 짧은 시간 안에 그가 조직에서 최고의 퍼포먼스 마케터가 될 수 있었던 이유는 자신의 모든 과업을 기록하고 피드백하는 습관 때문이었던 것이다. 그는 아래와 같이 자신의 기록을 관리하고 있었다.

계획
- 프로모션을 하게 된 이유
- 프로모션을 통해 얻고자 하는 목적
- 사용 가능한 자원(시간, 비용, 사람, 제품)
- 구체적인 계획(납기, 담당자, 확인 자료 등)

피드백
- 계획별 수치
- 계획별 의도와 비교해서 좋았던 점과 개선이 필요한 점
- 향후 계속해야 할 것과 하지 말아야 할 것들

●

서로의 지식을 공유하는 조직

○

　내가 첫 직장에서 배운 3가지는 인재 경영, 지식 경영 그리고 낭비 제거다. 그중 인생에 가장 도움이 되었고 이후로도 될 두 가지는 인재 경영과 지식 경영이다. 그중 인재 경영은 지금 내가 하는 일을 만들어주었다. 또 지식 경영은 내가 잘하는 것, 즉 가르치고 공유하는 법을 알려주었다.

　지식 경영은 '내가 어떤 가치 있는 일을 하려고 하는가?'를 결정하고 그것을 계획적으로 설계하는 것이다. 이 과정에서 어떤 목표와 목적을 바라보는가가 핵심이다. 또한 내가 뭔가를 달성하기 위해 어떤 지식과 스킬을 사용했는지, 그 과정에서 얻은 인사이트와 성공, 실패 사례는 무엇인지를 정리하는 것이다.

　그런 다음 이때 얻은 인사이트를 다음 계획에 반영한다. 여기까지 진행하다 보면 동일한 일을 반복하고 있지만 내가 일하는 방식과 방법, 사용하는 수단과 프로세스가 지속해서 바뀌고 있다는 것을 알게 된다. 기록하고 정리하면서 일하는 것과 그냥 일하는 것의 가장 큰 차이는 일하는 방식의 변화를 통해 더 큰 성공을 만들어낸다는 것이다.

　마지막으로 이를 공유해야 한다. 이때부터 개인을 넘어서서 조직 관점에서 학습이 이뤄진다. 나의 전 직장에서는 수없이 많은 과업의 성공 사례와 실패 사례들을 PPT와 엑셀로 기록하고, 사이트에 업로드한다. 수시로 동료들 앞에 나가 발표도 하고, 질문을 받고 답변도 해야 한다.

나 역시 그룹의 성공과 실패 사례를 검토하는 과업을 맡기도 했다. 자신의 지식과 경험을 정리하는 사람이 가장 많이 성장하지만, 수많은 지식과 노하우를 보고 들으며 확장하는 동료들도 함께 성장하게 된다.

지식 경영은 거창하지 않다. 그저 조금 더 높고 어려운 목표에 도전하고, 가설을 설정해서 실험하되 수시로 피드백하며 개선한다. 이 모든 과정을 기록하고 서로가 공유하며 조금씩 더 나은 방법을 찾아가는 일련의 과정이다.

다만 이걸 한 번이 아니라 꾸준하게 하는 사람과 조직이 성장한다. 나는 이제 겨우 21년째 이 일을 하고 있을 뿐이다. 30년 차가 되었을 때 어느 정도로 성장하고 어느 정도로 영향력이 있는 사람이 될지는 남은 9년 동안의 지식 경영에 달려 있을 것이다.

나를 '일잘러'로
브랜딩하는 법

어떤 직장인은 어려운 일, 안 해본 일에 도전하는 것을 좋아한
다. 반대로 누군가는 기존에 하던 일을 계속하려 하고 자신의 직
무도 바꾸지 않으려고 한다. 내가 어떤 일을 할 것인지를 선택하
는 것은 개인의 몫이 될 수도 있다. 하지만 이 과업들이 모여 3년,
5년 후의 내가 된다는 것을 알고 있다면, 지금 내가 어떤 일을 해
야 하는지에 대한 선택의 기준이 달라진다.

10이라는 목표를 가졌을 때와 100이라는 목표를 가졌을 때 우
리는 전혀 다른 노력을 하게 된다. 더 높은 목표를 가지면 새로운
방식을 배우기 위해 공부할 시간을 내고, 나와는 다른 경험을 가
진 사람들이나 나보다 뛰어난 지식을 가진 사람들을 찾아가 묻고

배워야 할 수도 있다. 책이나 유튜브를 통해 새로운 지식과 경험을 학습하려고 시간과 돈 그리고 노력을 투자할 수도 있다. 그 노력이 모여 나의 미래를 바꿀 것이다.

그러므로 지금에 안주하지 말고, 기존에 하던 일을 반복하지 말자. 새로운 일, 어려운 일, 큰일에 도전해보라고 말하고 싶다. 크게 생각하라. 내 생각의 크기가 시간과 에너지의 사용처를 정한다.

일은 회사를 위한 것만이 아니다. 새로운 일, 어려운 일, 많은 일 그리고 큰일을 맡았을 때 회사를 위해서 일한다는 생각이 든다면 하지 말아야 한다. 그 일을 맡는 만큼 힘들 테니까 말이다. 하지만 그 일이 나의 커리어가 되고, 향후 내가 하고 싶은 일을 할 수 있는 학습과 훈련의 시간이라고 생각하면 어떨까? 내가 할 수 있는 만큼은 다 해보려고 할 것이다. 돈 주고 배워야 할 지식과 경험을 월급 받으면서 해볼 기회가 되기 때문이다. 게다가 실패해도 망하지 않는 기회다. 큰 것에 도전하고 새로운 것을 실험해야 피드백을 할 수 있다. 내가 잘 아는 것과 잘하는 것에서 무슨 피드백을 할 수 있을까? 그저 '나 잘했네'라는, 성장에 도움 안 되는 셀프 칭찬밖에는 없을 거다.

●

일잘러가 되는 4가지 방법

○

'원티드'에 일잘러에 관한 글을 기고한 적이 있다. 일을 잘한다는 것의 의미는 무엇일까? 주변에서 일을 잘한다고 하는 사람들을 종종 본다. 그들의 특징은 무엇일까? 일을 잘한다는 말은 4가지 관점을 가지고 있다.

1. 나 스스로의 능력을 인정할 수 있는가?

내가 어떤 강점을 가지고 있는지 스스로 알고 내가 일하는 방식을 통제할 수 있어야 한다. 스스로 높은 목표를 설정하고, 그 목표를 달성하기 위해 어떤 행동을 해야 하는지를 알고 있는 것이다. 특히 내가 어떤 방식으로 일해야 쉽게 잘하는지, 어떤 행동을 취할 때 성과가 반복되는지 알아야 한다. 그래야 성공을 반복할 수 있기 때문이다.

그래서 일을 잘하기 위해서 선행되어야 하는 것은 나를 객관적으로 이해하는 것이다. 내가 잘하는 것, 내 지식과 경험, 스킬, 수단 등을 이해하고 직무에 연결해야 한다.

2. 동료가 인정해주는가?

나의 강점을 다른 사람들도 인정해줘야 한다. 성장하고 성과를 내기 위해 나에게 물어보는 동료가 있고 나와 함께 대화하고 싶어 하는 동료가 있는가? 그런데 내가 아무리 뛰어난 역량을 가지고 있다고 하더라도, 그 역량을 노출하지 않으면 동료들은 알 수 없다. 그래서 나의 강점과 일하는 방식을 동료들에게 브랜딩할 필요가 있다.

3. 리더와 회사가 인정해 주는가?

리더와 회사로부터 인정받았다는 것은 팀의 목표에 기여했다는 의미다. 혼자서 열심히 한 것과 조직에 기여한 것의 차이는 바로 영향력이다. 내가 하고 싶은 일을 하는 것이 아니라 내가 속한 조직의 더 큰 목적과 목표를 바탕으로 기여하고 팀의 성과에 공헌했는가? 이것은 내 강점을 작은 연못에서 사용할 것인지, 아니면 더 큰 강과 바다에서 사용할 것인지를 나누는 기준이 된다.

4. 그래서 우리 팀의 성과가 달라졌는가?

이것은 이전과 다른 결과값, 즉 '생산성이 증가했는가?'로 판단해볼 수 있다. 과업에 따라 차이가 있기 때문에 내가 맡고 있는 과업에서 생산성의 의미를 찾아보자. 이때 양적인 부분과 질적인 부분을 모두 판단해봐야 한다.

① 결과가 달라졌는가?
 : 매출, 이익, 고객, 콘텐츠 수의 증가, 비용의 감소 등
② 결과를 만들어 내는 과정이 달라졌는가?
 : 질적인 변화, 일하는 방식의 효율·효과, 인당 생산성 증가 등

일잘러로 나를 브랜딩하는 법

○

브랜딩은 '내가 생각하는 것'과 '남이 생각하는 것'을 동일하게 만드는 것이다. 나를 '일잘러'로 브랜딩하기 위해 브리지가 되는 것이 바로 '커리어'다.

커리어는 내가 다닌 직장과 부서, 내가 맡았던 과업과 성과를 정리해놓은 것이다. 그런데 커리어에는 다른 관점이 하나 담겨 있다. 그건 바로 '남이 바라보는 나'라는 것이다. 내가 어떤 일을 할 수 있는 사람인지, 어떤 지식과 경험을 가진 사람인지, 함께 일하게 된다면 어떤 도움을 줄 수 있는 사람인가를 나타내는 '증명서'가 바로 커리어다. 그래서 커리어에는 직장, 부서, 직책, 과업, 성과뿐만이 아니라 내가 몸담았던 회사에 어떤 기여를 했는지, 함께 일했던 동료들에게는 어떤 영향을 주었는지가 기록되어 있어야 한다.

바로 이 커리어를 다른 사람들과 공유하는 것이 바로 직장인의 브랜딩이다. 과거에는 이력서를 통해서 자신의 커리어를 공유했다면 지금은 다양한 방법을 사용한다. 매일, 매주 링크드인과 페이스북과 같은 SNS에 자신의 일과 결과, 일에 대한 가치관과 생각을 기록하는 사람들이 있다. 혹은 책을 쓰거나 유튜브와 매체에 영상과 콘텐츠를 공유하는 사람들도 있다. 다양한 직무 커뮤니티에 참여하면서 그곳에서 만나는 사람들과 네트워크를 형성하고 자신의 경험, 노하우를 연결하는 사람들도 있다.

이들의 공통점은 자신의 일과 생각을 아낌없이 공유한다는 것이다. 다른 사람들이 자신의 지식과 경험을 가져가서 사용하도록 말이다. 직장인이라면 회사 밖에서도 그리고 회사 안에서도 내가 가진 지식과 경험을 공유하는 시간을 가져 봤으면 좋겠다.

데이터 분석가인 A는 회사 안에서 작은 스터디 모임 10여 개를 운영하고 있다. 대상자는 모든 직원들 중에 데이터를 더 잘 다루고 싶은 직원들이고, 그들에게 분석 툴과 노하우를 공유한다. HR 팀장인 B는 독서 클럽을 운영한 지 10년이 넘었다. 수많은 동료가 그가 선정한 책을 읽고 함께 토론을 하며 성장하고 있다. C는 자신이 공부하고 읽었던 좋은 정보를 모아 공유한다. D는 매주 뉴스레터를 발행하며 수많은 동료와 공유한다.

사람들은 자연스럽게 이들의 강점을 알게 되었고 잘할 수 있는 프로젝트를 맡겼다. 이처럼 일잘러는 특별한 게 아니라, 그저 내가 하는 일을 조금 더 잘할 수 있도록 노력하는 사람이다. 그리고 내가 하는 일이 회사와 동료에게 조금 더 도움이 되도록 긍정적인 영향을 주려고 노력하는 사람이다.

그런 일잘러들이 가지고 있는 공통점이 바로 피드백이다. 스스로의 일하는 방식을 구조화하고, 다양한 관점으로 피드백하며 더 나은 구조를 만드는 것이 바로 '일잘러의 피드백'이다.

리더십 평가란?

"피드백을 못 받으면 구성원은 무능해지고, 리더는 독재자가 된다."

정치학자 로버트 캐플린의 말이다.

구성원들에게 명확한 피드백을 주지 못하는 리더들을 자주 본다. 명확하지 않더라도 일하는 과정에서 일하는 방식, 스킬, 프로세스의 변화를 주지 못하는 피드백도 많다. 팀원이 성장할 기회를 리더가 포기한 것이다. 피드백을 빼고 리더십을 이야기하기란 어렵다.

또한 리더도 구성원들로부터 피드백을 받으며 자신의 리더십 행동을 피드백할 수 있어야 한다. 리더가 되는 순간 권력을 갖게 된다. 내가 하는 말과 행동에 구성원들이 영향을 받기 때문이다. 그렇게 리더의 자리에 오래 있으면 내가 하는 말의 힘에 취하게 된다. 권력에 취한 리더가 놓치는 것이 바로 '공감'이다. 타인의 관점에서 그의 상황과 감정을 알아차리지 못하는 것이다. 우리가 정치인 또는 견제할 세력이 없는 임원급 리더들에게서 자주 보게 되는 모습이다.

요즘에는 팀과 팀원 성과 평가와는 다르게 리더십 피드백을 먼저 진행하는 회사들이 꽤 많이 있다. 이때 리더들에게는 또 다른 스트레스가 온다. 팀원들 성과 평가를 하는 것도 힘든데, 내 리더십에 대한 팀원들의 의견을 봐야 하기 때문이다.

"저 너무 속상해요. 얼마나 잘해줬는데."

"기분이 나쁘네요."

"리더십 다면 피드백의 목적은 알겠어요. 그런데 마녀사냥 당하는 느낌이에요."

"저 어떻게 해야 해요? 팀원들 앞에 나설 자신이 없네요."

리더들이 처음 리더십 피드백을 받고 나서 표현하지 못하는 속마음이다. 나 또한 얼마 전까지만 해도 리더십 피드백을 받았는데, 그때마다 '이거 누가 쓴 거지? 내가 얼마나 열심히 했는데, 내 말은 듣지도 않고. 자기가 한번 해보든가'라는 생각을 했다. 하지만 피드백이 얼마나 중요한지를 알기 때문에 누가 썼는지 보다 '내가 보지 못했던 부분이 뭔지'에 집중했다. 피드백은 모두에게 필요하다. 이전보다 조금 더 성장하기 위해서다. 불편하기 때문에 회피한다면 성장의 기회를 놓치게 된다.

●

리더십 다면 피드백

○

리더십 다면 피드백은 협업하는 동료의 다양한 피드백(관점)을 제공받아 스스로를 객관적으로 바라보고, 이를 통해 더 성장하기 위해 변화 계획을 세우도록 도와주는 도구다. 리더의 성장을 위해 팀원들이 다양한 관점을 기록한 히스토리다.

세상에 완벽한 사람은 없다. 모든 사람이 좋다고 평가하는 사람도 없다. 나를 좋아하는 사람도 있지만, 내가 이야기하는 내용들을 불편하게 여기고, 부정하고 싫다 말하는 사람들은 더 많다. 리더는 미움받을 준비를 하는 사람이 아니라, 구성원들의 다양한 의견들을 듣고 이전보다 더 나은 행동과 의사 결정을 하는 사람이 되어야 한다. 완벽해지려고 하기보다, 이전보다 조금 더 긍정적인 영향을 주는 사람이 된다는 마음으로 말이다.

리더십 다면 피드백은 평가가 아니다. 평가가 되어서도 안 된다. 리더십 평가는 회사가 하는 것이다. '기대하는 모습' 대비 '현재의 결과'를 비교하는 것이고, 팀과 팀원들에게 어떤 영향을 주고 있는지를 판단하는 것이다. 피드백과 다르게 리더십 평가를 한다는 말은 회사가 리더에게 부여한 명확한 역할(성과, 성장 등)에 대해 어떤 반복된 행동으로 어떤 결과와 영향을 만들어 냈는가를 판단하는 것이다.

　팀원들이 리더를 평가할 수는 없다. 리더를 세울 것인지, 아니면 리더를 내려오게 할 것인지를 결정할 수 있는 권한이 없기 때문이다. 단지 팀원들이 자신의 리더로부터 어떤 영향을 받았는지를 피드백하면 회사가 그 피드백 내용을 근거로 리더십 성장을 도와줄 것인지, 리더에서 내려오게 할 것인지를 결정할 것이다.

리더십 평가로
상처받는 리더들

여러 기업에서 팀장을 대상으로 시행한 리더십 다면 평가 데이터를 받아서 분석해본 적이 있다. 일부 상위권 리더와 하위권 리더의 1대1 세션을 통해 팀원들의 피드백과 리더십을 같이 비교했다.

이때 느낀 것은 '팀원들의 피드백이 정답이 아니다'라는 것이었다. 팀원들의 피드백이 맞다면 피드백을 잘 받은 리더들은 탁월한 리더여야 한다. 그런데 일부 리더는 팀의 성과와 구성원의 성장에는 관심이 없었고, 오로지 팀원들을 편안하게 해주는 것에만 관심이 있었다. 그걸 위해서 팀에 어려운 과업을 맡기지 않고, 어려운 일은 꼬박꼬박 본인이 해결하고 있었다. 팀원들이 리더에게 좋은 피드백을 준 이유 중 상당 부분이 '편안하게 해준다'였다.

반대의 경우도 있었다. 바로 하위권 리더들이다. 피드백이 좋지 않았던 리더들 중 상당수는 실제 리더십에 관심이 없었다. 그래서 팀원들에게 부정적 영향을 많이 주었다. 특히 위임을 하지 않거나, 팀원들의 동기부여나 인정·칭찬, 피드백이 생략된 리더십이 많았다.

그중에서 가장 많이 나온 피드백은 '팀원을 도구로 사용한다'였다. 팀과 팀장의 성과를 위해 팀원들을 갈아 넣고 있었던 것이다. 정작 본인은 일과 삶의 균형을 맞추면서 말이다.

물론 모두가 그런 것은 아니었다. 좋지 않은 피드백을 받은 일부 리더는 '높은 수준의 전문성과 결과'를 추구하는 특징이 있었다. 이런 팀은 더 잘하기 위해서 학습하고 몰입하는 모습을 보였다. 리더가 스스로에게 부여한 기대치가 높고, 그 기대치만큼 팀원들에게도 요구했기 때문이다.

이 팀의 팀원들은 성장과 개인의 삶을 맞바꾼 상황이었다. 그 과정에서 스스로 성장하고 있다고 느낀 팀원들도 있었지만 모두가 리더에게 좋은 피드백을 주지는 않았다.

만약 선택권이 주어진다면 어떤 팀을 선택하겠는가? 나는 두 조직에서 번갈아 일해보고 싶다는 생각을 했다. 성장이 필요한 시점에는 후자를 택하고, 잠시 쉬었다 가야 할 타이밍에는 전자를 택할 것이다.

팀원들의 모든 피드백이 정답은 아니다

○

자신의 다면 평가 결과를 보고 본인이 지금까지 걸어온 길을 부정당한 것 같다고 말한 리더가 있었다. 그 리더의 자료를 보니 한 팀원의 피드백에 '최악의 리더'라는 단 한 줄이 담겨 있었지만 그렇게 평가한 근거도 없었다. 80여 명의 다른 팀원들에게서는 나오지 않은 피드백이었다. 나는 그에게 "그 결과에 대해서는 잊으셔도 될 것 같아요"라고 말했다. 피드백의 근거가 없었기 때문이다.

많은 구성원들은 내가 어떤 리더인지, 어떤 것을 중요하게 여기는지 모른다. 그래서 내 행동을 오해할 수도 있다. 이럴 때 우선 해야 할 행동은 부정적 평가를 잊고 리더의 에너지를 채우는 것이다. 다음으로 해야 할 행동은 내가 어떤 리더인지, 어떤 팀을 만들고 싶은지를 팀원들과 소통하는 것이다.

리더십에 정답이 없듯이 팀원들의 생각과 의견에도 정답은 없다. 성장을 중요하게 여기며 학습과 피드백을 강조하는 리더에게 조용히 안주하기를 원하는 팀원은 쓸데없는 일들을 많이 만든다고 부정적 평가를 할 것이다.

그래서 가끔은 팀원의 평가를 무시해도 되는 때가 있다. 물론 무시해도 되는 피드백인가, 아니면 정말 중요하게 다뤄야 하는 피드백인가를 결정하는 것이 꽤 중요하다.

나 또한 직장에 다닐 때 동료와 팀원들로부터 다면 피드백을 받았다. 한 다면 피드백에서 "매일 공부하고 그 내용을 공유해주셔서 감사합니다. 공부가 되었어요"라는 칭찬을 받았다. 이때는 뿌듯했다. 그런데 같은 행동을 다르게 느낀 동료도 있었다. "보지도 않는 자료들을 너무 자주 올려서 업무에 방해가 됩니다. 타인을 배려합시다"라는 피드백이었다.

솔직한 심정으로 속상하고 화도 났다. 하지만 내가 옳다고 여기는 행동을 모든 사람이 좋아해주지는 않는다는 걸 느꼈다. 나는 지식을 공유하자는 좋은 의도였지만 누군가는 이기적으로 느낄 수도 있었던 것이다.

그래서 이전보다 슬랙에 공유하는 자료의 양은 줄이되 그 행동은 계속했다. 더 많은 동료가 도움이 되었다고 인정해주었기 때문이다. 대신 모두에게 인정받고 칭찬받아야 한다는 욕심은 내려 놓았다.

바른말을 해도 상대방이 받아들이지 못하는 상황이라면 그것은 선의가 아닌 이기적인 공유가 된다. 상대방의 필요에 맞춰서 내 지식과 경험을 제공해야 하며, 그걸 실행할 것인지는 상대방에게 맡겨야 한다.

●

서로를 잘 모르는 리더와 팀원들

○

한 기업의 팀장인 A는 팀원들로부터 피드백을 받았다. 크게 네

가지 내용이었다.

"탁월한 역량을 가지고 있지만, 동료의 강점을 이해하고 함께 활용할 수 있도록 교육 등에 참여했으면 좋겠습니다."

"A님은 이미 고객 중심, 문제 해결이라는 강점을 가지고 있습니다. 나는 심리적 안전감을 가지고 있지만 누군가는 A님의 탁월한 전문성 때문에 그렇지 못할 것 같아요."

"모두가 A님처럼 똑똑하고 헌신적이지 않습니다."

"조금은 친밀한 모습을 보여 주셨으면 좋겠어요."

팀원들 나름의 의견과 상황들이 배려하면서도 솔직하게 기록되어 있었다. 읽으면서 속상했을 수도 있지만, '나를 위한 솔직함과 배려가 함께 포함되어서 고마웠다'는 감사의 마음을 전해 보는 것도 좋겠다는 생각을 리더에게 전했다.

우선 중요한 것은 자신이 동의하는 부분과 동의하지 않는 부분을 구분하는 것이다. 그리고 팀원들이 어떤 상황에서 이런 생각을 하게 되었을지 유추해보자.

피드백 내용만 봤을 때 A의 강점은 '전문성, 솔직함, 로열티, 고객 중심, 문제 해결'이라고 생각되었다. 이런 강점을 가진 사람이 자주 하는 행동에는 솔직한 피드백, 빠른 의사 결정, 과업에 대한 책임감, 이전과는 다른 문제 해결 방식 도입, 끊임없는 피드백이 있다. 반대로 잘하지 않는 행동으로는 노력과 도전에 대한 인정과 칭찬, 팀원의 커리어와 고민에 대한 개인적 관심, 업무 이외의 상호작용 등이 있다.

A와 비슷하게 매우 뛰어난 전문성을 지닌 리더가 있었다. 높은 성과 목표를 추구했고 실력이 뛰어났지만 팀원들에게 관심이 없었다. 이로 인해 팀원들은 리더의 행동에 오해를 하기 시작했다.

'나를 못마땅하게 여기는 거야.'

'내가 무슨 의견만 내면 다 안 된다고 해.'

'처음에는 피드백을 해주셔서 좋았는데, 지금은 매번 혼나는 것 같아서 물어보질 못하겠어.'

팀원들의 피드백을 보고 자신의 행동을 돌아본 후 그 리더는 변화를 도모했다.

우선 구성원들과 정기적으로 1대1 미팅을 했다. 자신이 많이 말하지 않고 구성원들의 고민과 이야기 나누고 싶은 주제를 공유했다. 답을 이야기하기보다는 맥락을 파악하는 데 집중했다.

또한 불편해도 정기 회식은 꼭 참석했다. 그런데 1대1 미팅을 한 번 이상씩 하고 회식에 가니 더 많은 이야기를 할 수 있었다. 개인적인 관심이 업무적인 관심으로 연결된다는 것을 깨달았다. 이처럼 관심을 갖는 만큼 동료에 대해 알게 되고, 아는 만큼 그에게 다른 방법으로 대화를 나누고 리더십을 발휘할 수 있었다.

중요한 것 중 하나는 동료에게 나에 대해서도 이야기하는 것이다. 내 성격, 내가 중요하게 여기는 것, 내가 자주하는 행동과 그 이유 등에 대해서 이야기하고 나니 오해가 많이 줄었다.

그 후 한 달에 한 번 팀원들이 모두 모여 각자가 가지고 있는 관심사, 전 직장 경험, 최근 학습하고 있는 것과 고민을 공유하는 시간을 가지기 시작했다.

이처럼 현재 상황에서 꼭 어떠한 스킬을 사용하고 학습하기보다는 서로에 대한 이해의 시간을 정기적으로 가져봤으면 좋겠다. 팀장과 팀원들뿐만 아니라, 팀원들 상호 간에도 추천한다.

리더의 행동 의도를 팀원들은 잘 모르고 있다. 팀원들이 리더에 대해 잘 모르는 현상은 리더십 다면 피드백을 하다 보면 자주 보는 현상이다. 리더들이 자신이 어떤 리더가 될 것인지, 본인의 성격적 특징과 팀을 운영하면서 중요하게 여기는 부분이 무엇인지를 공유하는 시간을 잘 갖지 않기 때문이다. 팀원들에 대해 알아야 하는 만큼, 리더도 자신에 대해 알리는 시간을 가져야 한다.

리더십 다면 피드백은
리더의 평판이 된다

평가에는 기준과 권한이 있다. 그래서 회사의 평가 프로세스 안에서 움직일 수밖에 없고, 평가는 권한을 가지고 있는 사람들만이 할 수 있다. 셀프 평가 또한 나의 활동과 결과물, 조직에 미친 영향을 평가자들이 제대로 이해하도록 돕는 참고 자료일 뿐이다.

반면 평가와 달리 평판은 내가 만들어 갈 수 있다. 내가 어떤 행동을 자주 반복하는가? 내가 어떤 성과를 반복해서 만들어 내는가? 내가 동료들에게 어떤 영향을 주는가? 이에 따라 평판은 달라질 수 있다.

자신의 목표를 위해서만 일하는 사람과 동료의 일에 관심을 가지며 동료가 더 잘할 수 있도록 지식과 경험을 공유하고, 자신의 네트워크를 소개해 주고, 시간까지도 투입해 주는 사람들이 바로 평판을 관리하는 사람들이다.

평판은 보상에 영향을 끼치지 못한다. 하지만 평판은 '누구와 함께 일하고 싶어?'라는 질문에 영향을 미치고, '누구를 소개해줄 수 있어?'라는 요청에 영향을 미친다.

●

평판은 영향력을 판단하는 기준

○

평판이 중요한 이유는 공동체 안에서 영향력을 발휘하는 기준이 되기 때문이다. 어떤 영역에서 평판이 좋은 사람은 영향력이나 권한이 직급, 직책, 경력보다 더 크다. 주변에 있는 사람들이 그것을 원하기 때문이다. 반대로 평판이 안 좋은 사람은 영향력이 줄어든다. 마찬가지로 주변 사람들이 그 사람의 영향력이 커지는 것을 원하지 않기 때문이다.

조직 내에서 평판은 영향력을 판단하는 기준이 된다. 그래서 어떤 과업을 맡길 때 기업은 그 사람의 평판을 확인한다. 상사, 부하, 동료 등 그 사람 주변의 다양한 사람들에게 성격, 인성, 습관, 강점, 약점, 관계, 정직 등 다양한 영역에 대해 평가를 물어보고 공통점을 찾는다.

내가 근무했던 회사에는 퇴직 직원들의 재입사를 적극적으로 권장하는 문화가 있었다. 퇴직하기 전에 그와 함께 일했던 동료들에게 그의 평판을 확인하고, 그가 다시 재입사하는 것에 대한 의견을 확인한다. 왜냐하면 퇴직할 때의 모습이 그의 진짜 모습일 확률이 높기 때문이다. 그래서 경영진이 재입사를 추진하더라도 직원들 사이의 평판 때문에 취소되는 경우도 자주 있었다.

평판을 조사할 때 주의해야 할 점은 상사의 평판만 참고하는 경우다. 이유는 상사가 원하는 것은 무엇이든지 최선을 다해 충성하지만, 부하 직원이나 동료들에게는 자기 잇속만 챙기는 아첨꾼들이 있기 때문이다. 이런 사람들은 리더의 평판으로만 걸러낼 순 없다. 그만큼 치밀하기 때문이다.

내가 몸 담았던 회사의 경우 평판을 360도로 관리한다. 상사, 부하, 동료 그리고 주변 협력 부서들을 통해서 다면 평가를 진행하고 매년 그 기록을 누적해서 관리한다. 그러다 보면 그 사람에게서 반복되는 패턴을 찾아낼 수가 있다. 공통적으로 나오는 패턴이 그의 진짜 평판인 셈이다.

채용에서도 평판은 자주 활용된다. 특히 리더를 채용할 경우 대부분의 기업은 레퍼런스 체크를 꼭 진행한다. 경력 직원을 채용하기 전 그 사람을 알고 있는 사람들(전·현 직장 동료들)을 통해 그 사람의 강·약점, 회사 내에서의 지위, 성과, 일하는 방식, 지식과 경험, 단점, 회사를 이직하는 이유, 내부 평판 등에 대해 확인하는 것이다. 경력 직원에 대해 조금 더 검증할 수 있기 때문에 기업에서 많이 활용한다. 특히 임원이나 경영자, 팀장 등 고위직을 영입할 경우에는 필수적으로 진행한다.

이때 주의해야 할 점은 질문과 경청을 통해서 중요한 정보를 놓치지 않아야 한다는 것이다. 또한 레퍼런스 체크를 하는 상대방의 수준을 생각해야 한다. 그저 친한 사람, 잘 아는 사람을 통해서 평판을 문의하는 것이 아니라, 사람을 제대로 평가할 수 있는 객관적인 역량을 가진 사람을 통해서 평판을 조사해야 한다. 그래야 진짜를 찾을 수 있다.

리더의 리더 또는 HR 그리고 외부 전문가인 코치와 함께 다양한 관점에서 대화를 진행해보길 추천한다.

●

리더십 다면 피드백을 할 때 주의할 점

○

평판과 리더십 다면 피드백을 하면 한 사람에 대해 다양한 사람의 의견을 듣게 된다. 이때 모든 사람이 좋아하거나 싫어하는 사람은 없고, 모든 사람이 동일한 피드백을 주지도 않는다. 사람마다 각자의 기준이 있기 때문이다. 이런 관점에서 리더십 다면 피드백을 할 때 주의할 점이 몇 가지 있다.

1. 소수의 평판으로 그 사람을 결론 내리지 말라

평판과 다면 피드백은 어찌 됐든 사람이 하는 것이다. 사람의 마음이 투영되는 것이 평판이고 피드백이기 때문에 좋든 나쁘든 감정이 포함되어 있다. 객관적이지 않다는 뜻이다. 따라서 객관성을 확보할 수 있는 인원수를 확보하거나 다른 방법을 함께 사용해야 한다. 한 사람의 의견이 모두를 대변하는 것은 아니다.

2. A급 직원이나 사람을 객관적으로 보는 사람을 통해 평판을 확인해야 한다

평판을 조사할 때 실수하는 것은 랜덤으로 평판을 확인하는 것이다. 이는 돈 낭비, 시간 낭비다. 평판은 반드시 검증된 사람을 통해서 받아야 한다.

3. 코칭 대화 스킬이 있는 사람이 진행해야 한다

신입사원이나 아르바이트생에게 평판을 조사하게 하면 준비한 질문에 대한 1차원적인 답변밖에는 듣지 못한다. 평판을 조사할 때는 스킬이 필요하다. 좋은 질문을 던지고 경청함으로써 제대로 된 평판을 확인할 수 있다. 다음 사항에 유의하라.

- 반복되는 단어를 찾아라.
- 소수 의견이지만 크리티컬한 내용을 찾아라(큰 긍정·부정 영향력).
- 생각과 감정이 아닌, 행동을 중심으로 파악하라.
- 혼자가 아닌 다양한 사람들의 의견을 참고하라.

조직에서 특히 큰 영향력을 가지는 리더가 긍정적인 영향을 끼치는 사람인지, 부정적인 영향을 끼치는 사람인지 아는 방법은 구성원들의 평판을 확인하는 것이다. 그리고 리더는 자신의 평판이 어떠한지 항상 고민하고 관리해야 한다. 특히 팀원이라도 성장하고 싶거나 리더가 되고 싶은 사람은 더욱더 평판 관리를 해야 한다.

다면 피드백을 해석하는 방법은 기업마다 다를 수밖에 없다. 기업마다 목적에 맞게끔 다면 피드백이 설계되었기 때문이다. 하지만 공통적으로 해야 하는 일이 있다. 그건 바로 리더에게 기대하는 역할과 구성원이 받는 영향을 비교하는 것이다. 이때 4가지 단계를 거쳐서 리더십 다면 피드백을 해석하고 적용해야 한다.

1단계: 회사만의 리더상 정의

2단계: 다면 피드백 결과와 리더상 정의와의 비교

3단계: 행동 기반으로 리더의 강점과 약점 분류

4단계: '성장'을 위해 조직의 비전·목표·전략을 더 잘 이루기 위해 그만해야 할 행동(Stop), 지금부터 시작해야 할 행동(Start), 정말 좋으니 계속해 줬으면 하는 행동(Continue)을 설정하고 실행

리더가 조직을 운영하면서 해야 하는 일 중에 하나는 우리 조직 내 A급 플레이어의 인재상과 행동을 정의하는 것이고, 이것을 구성원들과 함께 소통하고 합의해 나가는 것이다. 그리고 A급 플레이어 행동을 하는 직원들을 찾아 인정과 칭찬, 보상과 발탁 등의

동기부여를 해주는 것이다. 그렇게 조금씩 A급 플레이어의 수와 비율을 늘려가다 보면 어느 순간 밀도 있는 조직이 되어 있지 않을까?

피드백에 대한
나만의 정의를 내리자

지금 시대는 안정적인가? 예측 가능한가? 우리 회사는 얼마나 더 성장하고, 생존할 수 있을까? AI는 또 얼마나 더 강력한 힘을 가지게 될까? 나는 AI와의 경쟁에서 이길 수 있을까?

지금 우리가 살아가는 시대는 불확실성이 가득하고 한 치 앞도 예측할 수 없다. 이제 평생직장은 없다. 나는 스타트업 혹은 대기업 사람들을 자주 만나고 NGO 직원들이나 공무원들도 자주 본다.

그런데 정말 재미있는 현상이 하나 있다. 이직률이 삭은 회사는 주로 안정적인 성과가 나고, 그만큼 제품이 탁월한 회사다. 이런 회사는 R&D에 투자를 많이 하지 않아도 되고, 리스크가 큰 도전을 하지 않아도 된다. 시장에서 경쟁자도 거의 없다.

그러다 보니 구성원들의 성장도 많이 멈춰 있다. 오랫동안 신규 직원을 채용하지 않아도 되고, 퇴사하는 직원도 많지 않다.

이렇게 안정적인 회사에서 이직은 누가 할까? 바로 조금이라도 도전하려는 A급 직원과 신입사원이다. 다른 것을 더 배우고 싶고 자신의 커리어에 도움이 될 경험을 하고 싶어 하는 직원들에게 안정적인 회사는 기회를 주지 않는다. 신입에게는 선배들이 하는 일을 돕는 일만을 과업으로 준다. 그들이 어려운 일, 새로운 일을 하지 않아도 회사는 잘 굴러가기 때문이다.

반대로 이직이 많은 회사가 있다. 그 이유가 모두 회사 문화가 엉망이고 경영자의 리더십을 신뢰하지 못해서가 아니다. 구성원들이 빠르게 경험치를 채우고, 조금 더 레벨이 높은 과업을 할 수 있는 기업과 직책으로 이직하는 것이다. 새로운 프로젝트와 새로운 역할을 주는 기회를 찾아서 말이다.

이직이 많은 회사 중에 학습과 성장을 중요하게 여기는 곳에서는 서로의 지식과 경험을 공유하며 함께 성장하는 문화가 있다. 서로의 능력을 인정하면 언제든지 네트워크로 서로를 도울 수도 있다.

이제 평생직장이 없기 때문에 학습과 도전은 필수다. 내 실력과 성과를 증명하려고 하는 사람, 내가 가진 지식과 경험을 공유하며 남들을 돕는 사람이 많아진다. 이직하기 위해서 내 이름을 브랜딩해야 하기 때문이다.

이직률이 낮다고, 안정적이라고 해서 꼭 좋은 것만은 아니다.

마치며

어쩌면 이 두 가지가 결합하면서 구성원들의 성장이 멈춰 있을지도 모른다. 반대로 이직률이 높다고 해서 좋은 것도 아니고, 도전적이라고 해서 성장을 담보하는 것도 아니다. 리스크는 여유를 상실시키고, 그로 인해 현재에 매몰되어 버릴 수도 있기 때문이다.

지금 내가 성장하고 있는가? 지금 내가 속해 있는 회사와 팀이 성장하고 있는가? 이 두 가지를 정리할 수 있다면 3년, 5년 후의 나를 예상해 볼 수 있다.

성과 평가와 피드백 그리고 피드포워드는 조직만을 위한 게 아니고, 개인을 위한 것도 아니다. 조직과 개인 모두가 조금이라도 더 성장하고 생존할 수 있도록 도와주는 도구다. 그래서 좀 불편하더라도 반드시 해야 하는 게 바로 피드백이다. 그 노력은 결국 나에게 돌아올 것이다.

다시 한번 강조하건대, 피드백에 정답은 없다. 다만 이 책을 통해 당신만의 성과 평가와 피드백에 대한 정의를 내릴 수 있으면 좋겠다. 그리고 자신을 위한 작은 변화를 시작해보길 바란다.

Feedback

부록

Q. 직급 간 상호 평가 도입을 직원들은 희망했으나 부서장부터 사무처장은 반대했습니다. 상호 견제보다는 상사가 매번 직원들 눈치를 보아야 하는 부작용을 우려해 아직 도입하지 못하고 있습니다. 사실 부서장으로서 나도 몇몇 직원이 이걸 복수의 기회(?)로 활용할까 봐 조심스럽기도 합니다.

A. 평가라고 생각하는 순간, 다면 평가를 칼로 사용할 수 있습니다. 이때 중요한 것은 평가가 아닌, 성장을 위한 피드백의 도구로 활용하는 것입니다. 특히 외부 전문가를 통해서 다면 피드백이 어떤 도구인지, 어떻게 사용할 수 있는지, 잘 사용하는 방법과 칼처럼 남들을 상처 입히는 도구로 악용하는 사례를 공유하고, 도입

전에 충분히 소통해야 합니다. 서로를 신뢰하지 못하면 사용하지 않는 것도 방법입니다.

Q. 제조업이나 영업이 아닌 교육 관련 업무, 거기다 진흥원이라는 조직 특성상 직접 사업보다는 지원 사업이 많다 보니 KPI가 과연 개인의 성과를 대표할 수 있는지 의문입니다. 수량화의 문제, 학습자 수와 프로그램 수 이외의 지표 설정에 대한 아이디어도 부족합니다. 목표의 난이도와 중요도에 대한 직원 간 동의와 객관화도 어렵습니다.

A. 객관적으로 평가한다는 건 불가능합니다. 평가 또한 사람이 하는 일이라 객관적이라기보다는 객관적으로 하려고 노력할 뿐입니다. 매출을 올릴 때 혼자서 100%를 감당하는 경우는 거의 없습니다. 좋은 제품이 있고, 좋은 상권이나 후방에서 지원해 주는 서포트 조직이 있기 때문에 가능한 것이죠.

'평가는 주관적이다'라는 기준을 가지고 있되, 조금 더 공정하기 위한 방법을 찾아보면 어떨까요? 절차와 분배 공정성이 중요합니다. 예를 들어, 모든 구성원이 자신의 올해 목표를 공유하면 각자가 누가 어려운 과업을 하고 있는지 알 수 있으므로 난이도를 반영할 수 있습니다. 분기에 한 번 결과물을 공유하는 시간을 가진다면 1년 동안 누가 성장했는지를 알 수 있게 됩니다.

마지막으로 평가의 기준은 개인의 목표가 되면 안 됩니다. 우리 조직에 가장 큰 기여를 한 사람이 좋은 평가를 받아야 합니다. 다만 여기에는 직급과 경력이 포함될 수밖에 없기에 '서로에게 기대하는 역할'과 함께 '서로의 결과물의 크기'를 공유하며 서로의 실력을 보여주는 방법을 제안합니다.

Q. 작은 조직에서 누군가는 반드시 B 또는 C를 받아야 하는 구조입니다. 결국 고생하더라도 티가 나지 않거나 상급자들이 해당 사업에 대한 이해나 관심, 공감이 부족한 경우 평가에서 불이익을 받게 됩니다. 특히 직속 상사보다는 2차, 3차 평가자의 이해도에 따라 순위가 뒤집어지는데, 세부적인 깊이를 파악하기가 쉽지 않습니다. 종종 평가 후에 누군가 퇴사를 하기도 합니다.

A. 회사의 시스템을 넘어서기란 어렵습니다. 만약 조직이 전체적으로 큰 성공을 거뒀고, 개인 또한 높은 성과를 만들어냈는데도 나쁜 평가를 얻었다면 조직의 시스템에 문제가 있을 것입니다. 하지만 이를 바꾸는 것은 쉽지 않습니다.

그럼에도 애쓰고 애쓴 것은 사라지지 않습니다(최민아 대표의 말). 자신의 실력이 올라갔다는 것, 성장했고 그만큼 성공했다는 메시지를 리더가 전해줄 수 있다면 낮은 평가로 인한 상처가 100에서 70~80으로는 떨어질 수 있을 것입니다. 이것이 현재의 시스템에서 리더가 할 수 있는 최선일 것입니다.

물론 팀원의 입장에서는 그마저도 동의가 되지 않는다면 자신의 성과를 인정받을 수 있는 조직으로 이동하는 것도 고려할 수밖에 없습니다. 그 과정에서 더 성장할 수 있을 거라고 믿으면서 말이죠.

Q. 나름 직원들에게 편하게 대해주고 개별 문자도 자주 하고 친밀하다고 생각합니다. 그래도 상사는 어려운 존재인지, 아무리 허용적인 분위기나 기회를 제공해도 상사에게 피드백을 좀처럼 하지 않습니다. 저도 직원들에게 제가 어떤 사람인지 객관적으로 듣고 싶은데 말이죠.

A. 역설적이게도 서로 친밀한 조직이 피드백을 잘하지 못하는 모습을 더 많이 보입니다. 함께 오래 근무한 조직, "형" 혹은 "언니"라고 부르는 조직이 더 그렇고, 공공기관 또한 그런 모습을 자주 보입니다.

피드백이 강력한 문화로 자리 잡은 조직은 성과를 내거나 성장하지 않으면 퇴사해야 하는 조직입니다. 대신 피드백을 통해 개인과 회사의 성공과 성장을 더 많이 마주하게 되는 구조이죠.

피드백을 하는 이유는 무엇일까요? 리더가 생각하는 이유와 팀원이 생각하는 이유를 동일하게 만들 수는 없을까요? 이 질문에 대한 답을 찾아보는 시간을 가졌으면 좋겠습니다. 팀원들이 피드백을 올바르게 바라볼 수 있다면 서로의 성장을 위해 피드백을 더 주고받는 문화가 만들어질 것입니다.

Q. 평균 재직 기간이 2년 미만인데 내가 어디까지 평가나 피드백을 해야 할까 고민입니다. 업(연구개발서비스업) 특성상 경험과 지식이 쌓여야 하는데, 회사가 작고 지원도 제한적이다 보니 매번 실무 감만 잡으면 더 크고 좋은 회사로 이직해 버립니다. 평가와 피

드백이 주로 교육과 훈련 목적으로 이뤄질 때 매우 힘들고 종종 딜레마에 빠지곤 합니다.

A. 평가보다 피드백에 조금 더 집중해보라고 말하고 싶습니다. 3개월에 한 번씩 팀원들이 스스로의 목표, 과업, 결과, 성과, 잘했던 방식과 아쉬웠던 방식들을 공유하는 시간을 가져보는 것이죠. 이 과정을 리더와 팀원이 1대1로 진행하고, 팀 동료들이 다 모인 곳에서 서로의 과업을 공유하며 PR하는 시간으로 정기적인 미팅을 해봤으면 좋겠습니다.

그 기록이 서로의 성장을 돕는 노하우가 될 수도 있고, 이직한 직원이 남기고 간 유산, 즉 인수인계 자료가 되기도 합니다.

Q. 현업에서 동기부여를 위해 칭찬하는 경우가 있습니다. 그러다 보니 대상자는 스스로 탁월한 존재라고 느끼고 있습니다. 이런 직원에게 평가와 칭찬은 어느 정도로 해야 하는지 고민입니다.

A. 정답은 없습니다. 만약 직원의 행동이 반복되길 바라는 행동이라면 칭찬해주면 됩니다. 또 긍정적 영향을 팀에 주고 있다면 그 또한 칭찬하세요. 그리고 동기부여를 위한 칭찬과 성장을 위한 피드백을 얼마나 해야 하는지, 그 기준은 내가 정하기보다는 정기적으로 팀원들에게 물어보는 것도 방법입니다. 무조건 팀원에게 맞추는 것이 정답은 아니겠지만, 나 혼자 결정하기보다는 팀원들의 니즈를 들어보고 반영하는 것이 좋습니다.

Q. 피드백을 할 때 가져야 하는 마인드는 무엇이고, 피드백을 잘한 사례에는 어떤 것이 있을까요?

A. 피드백의 목적이 성장이라는 관점을 가지는 것이 가장 중요합니다. 나머지는 그 실행을 위한 것입니다. 피드백은 상대방의 성장과 성공을 돕는 도구이고, 그것을 위해 행동을 구체적으로 전달해야 합니다.

피드백을 받는 사람의 관점도 중요합니다. 피드백 주는 사람도 불편함을 감수하면서 나를 위해 피드백을 주는 것이니 감사하며 끝까지 들어보세요. 그리고 그 피드백 중에 정답도 없고 오답도 없다는 마음을 가지세요. 나의 성장을 위해 내가 반영할 수 있는 것을 내가 선택해야 합니다.

피드백은 행동의 변화를 통해 성장을 돕는 도구입니다. 일하는 방식과 행동이 바뀌어야 결과를 바꿀 수 있기 때문이죠. 그 목적을 명확하게 인지하세요.

Q. 동일한 과업을 수행하는 타 팀의 인원에게 피드백을 줬는데 피드백을 장난, 잔소리로 듣습니다. 그 팀이 못하면 우리 팀도 피해를 보는데, 피드백을 그냥 적당히 주는 게 최선일까요?

A. 내가 주는 피드백을 그 팀과 팀장 입장에서 어떻게 판단할까요? 간섭이라고 보지는 않을까요? 서로 신뢰 관계가 형성되어 있지 않다면 타 팀에 피드백을 주는 것이 쉽지는 않습니다. '나한테 왜? 우리 팀장님도 아닌데'라고 생각할 수 있기 때문이죠.

그 팀의 팀장에게 '더 좋은 결과를 위해 피드백을 전하고 싶은데 어떻게 하면 좋을까요?'에 대해서 이야기를 나눠보면 어떨까요? 상대 팀장의 지원을 받으며 그 팀원에게 피드백을 전달할 수 있으면 좋겠습니다. 어쩌면 상대 팀장이 직접 피드백을 전달해주겠다고 할 수도 있습니다.

Q. 30명 미만의 소규모 조직에서 평가와 보상을 어떻게 하면 잘 연결할 수 있을지 고민입니다. 하나의 팀으로 공동의 목표를 향해 함께 노력해야 하는 상황인데, 평가와 보상을 시행함으로써 팀의 단결성이 저하될까 우려됩니다.

A. 보상에 정답은 없습니다. 대신 이 부분에 대해서 생각해 보세요. '우리 회사는 탁월한 S급이 성과를 만들어내는가? 모두가 협업해서 성과를 만들어 내는가?'

이에 따라 다른 결정을 할 수 있습니다. 80명 정도 되는 스타트업이 있었는데, 그 회사는 전 직원이 토론하며 함께 성과를 만들어 냅니다. 그래서 개인의 성과와는 별개로 동일한 인센티브와 연봉 인상률을 가져갔습니다. 그 기준은 '회사의 목표가 어느 정도 달성되었는가'였죠. 대신 정말 중요한 S급 인재들에게는 스톡옵션을 부여했습니다.

우리 회사가 성과를 만들어내는 방식을 고민해보면 개인을 평가·보상해야 할지, 팀 단위로 평가·보상해야 할지, 또는 회사를 하나로 봐야 할지 판단할 수 있습니다. 또는 개인 : 팀 : 회사의 비율을

5:3:2와 같이 정해서 보상하는 새로운 대안을 찾을 수도 있을 것입니다.

Q. 평가(피드백)를 시작하는 상황입니다. 한 번도 평가를 진행해본 적 없는 조직이기 때문에 팀원들은 왜 피드백을 해야 하는지, 리더들은 왜 정기적으로 해야 하는지 납득할 수 없다며 목적이 무엇이냐고 묻습니다. 피드백을 전달하려는 목적은 구성원 개인의 커리어 플랜에 도움이 되고 본인의 성장지표를 만들 수 있다고 생각하기 때문입니다. 그러나 동기부여, 성장 방향성과 팀의 목표에 얼라인하는 과정을 그저 뜬구름 잡는다고 말하니, 어떻게 설득하면 좋을지 고민입니다. 또한 피드백이 보상과 연계되지 않아도 구성원들을 움직일 수 있는지에 대해 저 스스로도 의문이 있습니다.

A. 피드백이 성장과 연결된다는 것을 경험하면 보상과 얼라인되지 않아도 충분히 작동합니다. 실제로 그렇게 운영하는 회사도 있습니다. 직원들을 설득하는 것이 어렵다면 외부 전문가를 통해서 관점을 확장하는 방법도 제안하고 싶습니다.

저 또한 처음 스타트업으로 이직했을 때 내가 할 수 있는 일인데도 외부 전문가에게 맡겨서 실행했던 적이 있었습니다. 그건 바로 코칭 교육입니다. 내가 이미 코치로서 8~9년을 일한 상황이었지만 '자기가 뭔데 우릴 가르쳐?'라는 구성원들의 뒷말을 들었습니다. 내가 바로 코칭 교육을 시작하면 저항이 커질 것 같다는 판단에 외부 전문가를 고용했었습니다. 그리고 3개월 동안 외부 전문가가 하는 교육을 나도 할 수 있다는 것을 증명했고, 3개월 이후에는 제가 모든 교육과 코칭을 맡았습니다.

이처럼 내가 중요하고 좋다고 생각하는 부분이라면 다른 방식으로 설득해보세요.

Q. 다양한 직무, 다양한 상황에 있는 구성원들을 결과적으로는 한 줄 세우기 해야 한다는 것이 너무 어렵습니다.

A. 한 줄이 아니라 그룹으로 만드는 것도 대안이 됩니다. 줄 세우기는 동료들을 서로 경쟁하는 사이로 만들게 됩니다. 그렇게 해서 성장하고 성공할 수 있지만, 동료의 성장과 성공을 돕는 문화, 서로에게 지식과 경험을 공유하는 학습 문화를 만들기는 어렵습니다. 그 결과가 개인주의로 변할 수도 있습니다.

A, B, C 또는 기대 초과, 기대 충족, 개선 필요라는 그룹을 만들고 개인의 결과, 역량, 태도와 영향력을 바탕으로 평가할 수 있습니다. 비교가 아니라 개인에게 거는 기대와 결과를 절대평가하는 것입니다.

Q. 우리 조직에서는 스택 랭킹(Stack Ranking) 평가 시스템을 10여 년 넘게 택하고 있습니다. 인사고과 T.O에 따라 반드시 C나 D 등급을 할당해야 합니다. 절대적으로 성과를 잘 내는 것보다는 같은 팀원들이 상대적으로 나보다 성과를 못 내면 내가 잘 받는 구조입니다. 그렇기 때문에 협업과 지식 공유 문화를 만들기가 어렵습니다.

인사고과가 진급과 보상으로 직결되어 있어, 고과를 한 번 못 받으면 진급이 어려워집니다. 구성원들은 어쩔 수 없이 평가에 목매지만, 평가 기준이 명확하지 않아 어떻게 해야 평가를 잘 받을 수 있는지는 알기 어렵습니다. 많은 구성원이 인사평가제도의 불합리함을 외쳐왔지만, 상대평가에 대한 CEO의 확고한 믿음으로 인해 상대평가를 폐지하는 것은 어려운 상황입니다.

이러한 상황에서 중간 리더들은 어떻게 리더십을 발휘할 수 있을까요? 조직 문화 개선을 위해 여러 노력을 하지만, 결국 연말이 되면 이러한 인사제도의 불합리함에 무너지고 있어, 구성원들은 점점 더 무기력해지는 것 같습니다.

A. CEO와 시스템을 넘지 못한다면 명확한 것은 팀에 가장 작은 기여를 하는 사람을 C나 D로 평가하는 것입니다. 스택 랭킹이 무조건 나쁜 도구는 아닙니다. 다만 객관적인 기준이 없을 때 문제가 됩니다. 객관적인 기준을 공유하고, 그에 맞는 평가를 절차적으로 접근해보면 좋을 것 같습니다.

Q. 누군가는 반드시 C나 D 고과를 받아야 하는 상황이다 보니, 성과와 관계없이 낮은 고과를 받는 경우가 존재합니다. "너는 작년에 진급했잖아" "선배를 진급시키기 위해 이번만 희생해줘" "내가 주고 싶어서 준 게 아니야. 위에서 시켰어"라는 말을 들으며 낮은 고과를 받기에, 구성원들은 더욱 혼란스러워합니다. 내가 낮은 고과를 받은 이유가 내 성과와는 아무런 상관이 없기 때문입니다.

결국 성과 좋은 저고과 구성원들은 더 열심히 할 동기부여가 사라집니다. 더 큰 문제는 매년 이렇게 동기가 꺾이는 구성원이 계속 늘어간다는 것입니다. 이런 구성원들에게는 어떻게 동기부여를 할 수 있을까요? HR 차원이 아닌 조직장 주관으로 할 수 있는 활동에는 어떤 게 있을까?

A. 객관적이지 않은 평가의 기준이 문제입니다. 이런 현상을 없애면 스택 랭킹도 꽤 좋은 도구가 될 것입니다. 구성원들이 오래 근무하면 승진하는가, 아니면 잘하는 사람이 승진하는가? 조직에서 어떤 직원을 S급, A급으로 평가하느냐가 다른 직원들을 움직이는 힘이 됩니다.

명확하게 평가하면서 나이, 경력, 직급이 아닌 능력과 실력으로 평가하고, 리더를 세우는 문화와 시스템을 구축하는 것이 필요합니다. 이것은 안정적인 조직에는 큰 도전이 될 수 있는 제안이긴 합니다.

Q. 성과와 고과의 연관 관계가 낮다는 분위기가 팽배하다 보니, 피드백 자체가 의미 없다고 생각하는 리더와 구성원이 대부분입니다. '어차피 고과는 정해져 있는데, 시간 아깝게 피드백을 왜 해?'라고 생각하는 것이죠. 이런 상황에서 피드백 문화를 징착시키기 위해 무엇부터 해야 할까요?

A. 피드백이 제대로 들어갔을 때 성과도 바뀝니다. 성과의 변화는 곧 조직에 대한 내 영향력의 변화입니다. 그렇기 때문에 어떤 피드

백을 전달했고, 그 과정에서 무엇이 변했는지를 찾는 것이 더 중요합니다.

만약 제대로 피드백을 받고 성과가 바뀌었는데도 평가가 바뀌지 않았다면 그건 시스템의 오류입니다. 완벽한 시스템은 없지만, 이미 강점을 많이 가지고 있는 시스템이기에 제대로 피드백을 해보는 것이 더 필요해 보입니다.

Q. 평가, 피드백 등의 인사제도는 CEO 주관으로 바꿔야 함을 알고 있습니다. 하지만 CEO의 변화를 기대할 수도, 유도할 수도 없는 실무자의 입장에서 더 나은 조직 문화(평가/피드백에 관한)를 만들기 위해 무엇을 시도해볼 수 있을까요? 어떻게 하면 지치지 않고 계속 노력할 수 있을까요?

A. 3가지 제안을 드립니다. 첫 번째, 이런 변화에 긍정적으로 반응하는 리더가 있다면 그 조직을 파일럿 테스트하는 것을 추천합니다. 구성원들의 변화만으로는 어렵습니다. 리더가 함께 변화해야 하는데, 회사를 한 번에 바꾸기보다는 요즘 시대의 리더십과 조직 문화, 특히 학습과 피드백이라는 주제를 반영하면서 더 나은 조직을 꿈꾸는 리더와 함께 프로젝트를 해보면 어떨까요? 그 조직의 변화를 보여주고 나서 다른 조직에 확산하는 방법입니다.

두 번째는 신임 리더에게 집중하는 것이다. 신임 리더는 변화에 가장 긍정적인 리더입니다. 처음 리더가 되었기 때문이죠. 그들에게 학습, 코칭, 워크숍 등을 통해 새로운 문화를 만들어 갈 수 있는 기회를 주세요.

세 번째는 팀 워크숍을 확산하는 것입니다. 리더만이 아니라 팀 단위로 모여서 함께 고민하며 더 나은 팀을 만드는 방법을 찾는 것이죠. 3개월 실행하고 피드백하고, 또 다음 워크숍을 해보면서 조금씩 소통하고 노력하는 팀을 늘려가보세요.

성과 관리의 상황별 사례와 해법
- 팀원 Q&A -

Q. 내가 일한 성과를 어떻게 해야 정량적으로 측정할 수 있을지 고민입니다. 사전에 미리 기준을 세팅하고 싶은데, 그것도 쉽지 않습니다.

A. 그 일을 잘하면 뭐가 달라질까요? 내 일을 바라보는 것이 아니라 내 일의 영향을 바라보는 것이 필요합니다. 정량은 객관적인 수치가 아니기 때문에 논리적인 수치로 접근해봐도 좋습니다.

한 팀이 회의 방식의 변화와 함께 회의 규칙, 회의 스킬 등을 전 직원 워크숍으로 진행한 적이 있습니다. 이때 활동 지표는 '00명 워크숍 참석, 워크숍 횟수 00번, 만족도 00회'였습니다. 이 활동 지표가 성과로 인정받지는 않았습니다. 그저 작은 활동 지표였을 뿐이니까요.

대신 또 다른 지표가 있었습니다. 그건 바로 회의 시간의 감소, 회의 이후의 만족도였습니다. 워크숍 이후 3개월이 지난 시점에 회의 시간이 30% 이상 감소했고, 회의의 만족도가 이전보다 20% 이상 상승했습니다. '내가 워크숍을 잘하면 어떤 일이 일어날까?'를 고민하고 찾은 결과였습니다.

Q. 현재 팀의 리더는 직원들의 업무에 적절한 가이드와 피드백을 주지 못하고 있습니다. 리더는 다른 분야에서 현재 회사로 이직했기 때문에 업무에 대한 깊은 이해가 없고, 오히려 이 팀에서 오래 일한 주니어급 직원들이 더 주도권을 가지고 있습니다.

리더는 피드백을 줄 때 구체적 피드백을 주거나 고민을 함께 해주지 않습니다. 팀원들과 이야기를 나눠본 적이 있는데 리더의 업무 피드백을 받은 후 내가 한 작업의 가치가 낮아지는 것처럼 느꼈고, 그 결과 업무 의욕이 꺾인다는 의견이 있었습니다.

조직 구조에 혁신적인 변화가 없을 거라는 전제하에 어떤 방식을 취해야 리더에게서 좀 더 나은 피드백을 받을 수 있을까요?

A. 전문성이 없는 리더는 일하는 방식과 구체적인 대안을 주기 어렵습니다 우선 외부에서 전문성에 대한 학습을 정기적으로 해보길 바랍니다. 내가 하는 일을 더 잘하는 전문가들을 만나 그들에게 멘토링을 요청하는 것이죠. 저도 여러 회사의 HR과 HRD 담당자들과 정기적, 비정기적으로 만나 그들의 업무에 피드백을 줍니

다. 그들은 자신의 일하는 방식, 결과 등을 공유해주고 내 의견을 듣고 반영하죠. 그들도 내부에서 전문적인 피드백을 받지 못하기 때문에 외부에서 받고 있는 것입니다.

리더가 전문성이 없다면 리더에게 받을 수 있는 피드백은 일하는 방식이 아닌, 행동과 태도에 대한 부분이 될 수도 있을 것 같습니다. 가장 좋은 방법은 조직의 구조가 바뀌는 것이지만, 이 부분은 회사의 리소스와 함께 고민할 수밖에 없습니다.

Q. 주변 동료들에게 공격적이지 않은 방법으로 피드백을 요청하는 방법, 피드백을 주는 것에 익숙하지 않은 상사에게 피드백을 요청하는 방법, 구체적이지 않은 피드백을 주는 상사에게 공격적이지 않은 방법으로 다른 방안을 제시하는 방법은 무엇인가요?

A. 공격적이지 않다는 말은 '네가 틀렸고 내 말이 맞아'라는 느낌이 들지 않게 하는 것입니다. "정답은 없지만 조금 더 나은 방법을 찾는 것을 목적으로 피드백을 해볼까요?"라며 조금 편하게 대화하도록 이끌어보세요. 앞서 설명한 중립 대화를 사용하는 것이죠. 피드백을 주는 리더도, 피드백을 받는 팀원도 결론적으로 같은 목표를 가지고 있기 때문에 '중립'이라는 기어를 놓고 피드백을 주고받을 수 있으면 좋습니다.

조직·팀·개인 목표 수립
– 요약 가이드 –

1. 목표 합의를 위한 대화 가이드

개인 목표 합의는 성과 관리의 과정으로서 조직의 비전과 목표, 팀의 목표를 얼라인시키고, 팀의 목표와 팀원의 목표를 얼라인하는 과정이다. 목표가 합의되면 그것을 어떻게 달성할 것인가에 대한 방법(How)을 팀원이 주도적으로 찾을 수 있도록 돕고, 지지적·발전적 피드백을 통해 성과를 관리할 수 있도록 돕는 지원이 필요하다.

2. 목적

- 조직·팀의 목표를 이해하고, 이와 연계된 개인의 목표 설정 및

합의

- 개인 목표 합의 과정에서 팀원의 성장과 성공을 위한 코칭, 지원 등을 합의
- 팀원의 경력, 직무, 업무 역량 등을 확인하고, 다음 커리어를 논의

3. 대화 질문 리스트

Q. 올해 기대하는 목표는 무엇인가요? 그 목표는 팀의 목표에 어떤 기여를 하나요?

Q. 개인 목표로 적은 내용 중에서 가장 중요하게 생각하는 우선순위를 이야기해주겠어요?

Q. ○○ 목표를 달성하기 위해서 어떤 액션 플랜이 필요한가요? 추가로 필요한 자원들은?

Q. 과업 달성을 위해 본인에게 어떤 역량과 스킬이 필요한가요? 이를 개발하기 위해 어떤 계획을 세웠으며 어떤 지원이 필요한가요?

Q. 전년도 성과에 대한 피드백에서 반영된 부분은 무엇인가요?

Q. 지금까지 설명해준 개인 목표들을 보면 자신의 역량과 경력 대비 몇 % 수준의 목표라고 생각하나요?

Q. 새롭게 도전하는 것은 무엇인가요? 기존과는 다르게 실행하는 것은 무엇인가요?

Q. 성장을 위해 어떻게 시간을 사용하고 있나요?(어떤 리소스를 얼

마나 활용하고 있나요?)

4. 팀 목표와 팀원 목표가 얼라인되기 위한 팁

- 팀원별 개인 목표 합의를 정리하기 전에 조직과 팀의 목표를 먼저 공유하자. 팀원이 상위 조직의 목표를 달성하기 위해 나는 무엇을 기여할 것인지를 먼저 고민하도록 도움을 줄 필요가 있다.

- 개인 목표를 팀원이 스스로 정해야 하는 것만은 아니다. 팀장으로서 팀원에게 기대하는 부분을 사전에 공유하고, 이에 대해서도 같이 생각하도록 제안하자.

- 개인 목표 합의를 하는 과정은 한 번에 끝나지 않을 수도 있다. 개선점이 필요하다면 2~3번의 추가 미팅을 통해 보완을 하면 좋다.

상시·분기·반기 성과 관리
- 요약 가이드 -

1. 성과 관리 피드백을 위한 대화 가이드

성과 관리 피드백은 성과를 낼 수 있도록 관리하는 도구다. 이때 가장 중요한 것은 목표 및 실행 계획이 조직의 목표와 얼라인되도록 하는 것이고, 두 번째는 핵심 성공 요소(Critical Success Factor)를 통해서 지속적으로 과정을 관리하는 것이다. 분기 피드백은 중간 시점에서 지금 잘하고 있는 것과 개선할 것을 찾아 목표 달성을 위해 남은 기간 내 계획을 수정하는 것이 필수다. 이를 잘할 수 있도록 도와주는 것이 바로 'Growth Meeting'이다.

2. 목적

- 수시·분기·반기 성과 관리를 통해 올해 목표가 계획대로 진행되고 있는지 확인
- 잘하고 있는 부분 인정·칭찬, 개선점 찾아 피드백, 'What'과 'Why'에 대한 얼라인 재확인
- CSF 진행 상황을 바탕으로 남은 기간 목표를 달성하기 위한 액션 플랜 수정

3. 대화 질문 리스트

Q. 얻고자 한 목표는 무엇인가요? 현재까지의 결과와 예상되는 최종 결과는 무엇인가요?

Q. 현재의 결과가 나온 이유는 무엇인가요? 긍정적 요소와 부정적 요소를 모두 이야기해주세요.

Q. 그 요소들 중에 목표 달성을 위해 계속 해야 할 것은 무엇이고, 그만하거나 수정해야 할 것은 무엇인가요?

Q. 가설이나 계획에 없었지만 예기치 않았던 성공은 무엇이고, 실패는 무엇이었나요? 그 성공과 실패의 원인을 추가로 어떻게 반영할 수 있을까요?

Q. 피드백한 내용 중에 즉시 실행되는 것은 무엇인가요?

Q. 목표 달성을 위해 도와줘야 할 부분은 무엇인가요? 스스로 개선할 행동이나 방법은 무엇이 있을까요?

4. 성과 관리 피드백이 의미 있는 대화가 되기 위한 팁

- 개인의 목표 달성을 위해 관리하고 있는 데이터, 숫자는 무엇이 있는지 확인해야 한다.
- 중간 시점에서 CSF 진행사항이나 변경할 것은 없는지 확인이 필요하다.
- 팀원이 생각하고 있는 업무에 대한 리뷰 이외에 리더 입장에서 생각한 업무에 대한 리뷰를 함께 공유하면 개인의 관점에서 팀의 관점을 확장하는 것이 가능하다.

평가
- 요약 가이드 -

1. 최종 평가 피드백 및 대화 가이드

성과는 관리하는 것이다. 성과 최종 피드백은 1년의 결과와 임팩트 그리고 그 과정에서 실행한 액션들을 되돌아보며 가설이 맞았는지, 더 나은 팀이 되기 위해서는 무엇을 개선해야 하는지, 강점을 가지고 있고 지속해야 할 것은 무엇인지를 찾아가는 과정이다. 최종 피드백을 바탕으로 내년도 목표를 설정하는 것에도 연결해보자

2. 목적
- 최종 피드백을 통해 이번 연도의 목표를 객관적으로 되돌아봄

- 이번 목표·성과를 통해 발견한 우리의 강점과 약점을 솔직하게 인정
- 더 성장할 수 있도록 내년도의 목표를 설정

3. 대화 질문 리스트

Q. 얻고자 한 목표는 무엇인가요? 현재까지의 결과와 예상되는 최종 결과는 무엇인가요?

Q. 팀과 조직에 어떤 기여를 했나요? 그렇게 판단한 이유는 무엇인가요?

Q. 현재의 결과가 나온 이유는 무엇인가요? 긍정적 요소와 부정적 요소를 모두 이야기해 주세요.

Q. 그 요소들 중에 이후 계속 해야 할 것은 무엇이고, 그만하거나 수정해야 할 것은 무엇인가요?

Q. 가설이나 계획에 없었지만 예기치 않았던 성공은 무엇이고? 실패는 무엇이었나요? 그 성공과 실패의 원인을 추가로 어떻게 반영할 수 있을까요?

Q. 올해 수립한 목표들을 통해 지난번보다 성장했다고 생각하는 부분은 무엇인가요?

Q. 다음 목표 합의할 때 도전하고 싶은 것이나, 리더에게 제안하고 싶은 것이 있다면?

4. 최종 평가 피드백 팁

- 평가 관점보다는 성장 관점에서 무엇이 더 좋아졌는지를 확인하는 자리이고, 솔직하게 피드백을 주고받는 자리임을 인지하도록 안내한다.
- 최종 피드백과 함께 내년도 목표 합의를 이야기할 수 있으면 더 좋다.
- 목표의 달성 여부도 중요하지만 그 과정에서 개인이 배우고 성장한 것이 무엇인지를 찾아 그 부분을 인정·칭찬해주면 더 좋다.

평가보다 피드백

초판 1쇄 2024년 4월 30일

지은이 | 백종화

발행인 | 박장희
대표이사 겸 제작총괄 | 정철근
본부장 | 이정아
편집장 | 조한별
책임편집 | 최민경

기획위원 | 박정호

마케팅 | 김주희 박화인 이현지 한륜아

디자인 | 김윤남

발행처 | 중앙일보에스(주)
주소 | (03909) 서울시 마포구 상암산로 48-6
등록 | 2008년 1월 25일 제2014-000178호
문의 | jbooks@joongang.co.kr
홈페이지 | jbooks.joins.com
네이버 포스트 | post.naver.com/joongangbooks
인스타그램 | @j__books

ISBN 978-89-278-1318-7 03320

중앙북스는 중앙일보에스(주)의 단행본 출판 브랜드입니다.